SUPERPODERES
MENTALES

TONY BUZAN

SUPERPODERES MENTALES

Guía para optimizar tu memoria, aprender mejor y resolver problemas

Planeta

Título original: *BRAIN POWER: Optimize Your Mental Skills*

Traducción: Alejandro Romero
Formación: Mariana Castro
Diseño de portada: Planeta Arte & Diseño / Stephanie Iraís Landa Cruz
Ilustraciones de portada: © iStock

Bajo el sello editorial PLANETA M.R.
Avenida Presidente Masarik núm. 111,
Piso 2, Polanco V Sección, Miguel Hidalgo
C.P. 11560, Ciudad de México
www.planetadelibros.com.mx

Primera edición en formato epub: febrero de 2024
ISBN: 978-607-39-0970-9

Primera edición impresa en México: febrero de 2024
ISBN: 978-607-39-1046-0

Impreso en los talleres de Litográfica Ingramex, S.A. de C.V.
Centeno núm. 162-1, colonia Granjas Esmeralda, Ciudad de México
Impreso y hecho en México — *Printed and made in Mexico*

Índice

Prefacio

Bienvenido a *Superpoderes mentales. Guía para optimizar tu memoria, aprender mejor y resolver problemas.*

¡Felicidades! Estás a punto de aprender una serie de técnicas nuevas que te ayudarán a recordar más, pensar de manera más clara y creativa, desarrollar habilidades analíticas y de resolución de problemas, leer y estudiar con mayor velocidad y eficiencia, y a alcanzar el éxito profesional y personal.

Tu guía será Tony Buzan, una autoridad internacionalmente aclamada en aprendizaje, memoria y técnicas para optimizar el poder cerebral, además de un ponente cautivador y líder de seminarios, quien ha entrenado a miles de trabajadores a lo largo de su vida en empresas Fortune 500 alrededor del mundo.

Superpoderes mentales es una recopilación de información, instrucciones y ejercicios específicamente desarrollados para ayudar a cualquiera con la determinación y la persistencia necesarias para mejorar su memoria y agudizar su mente. Primero, se introducen temas relevantes con los que se busca ampliar tu comprensión de conceptos clave; por ejemplo, las diferentes funciones de los hemisferios izquierdo y derecho de tu cerebro, la explicación de por qué recuerdas cierta información mejor que otra, y una definición de los mapas mentales y cómo utilizarlos. Además, se incorporan ejercicios que ayudarán a reforzar tu comprensión de estos conceptos clave y a dominar cada habilidad cerebral.

Tu cerebro es capaz de una infinidad de logros mucho más complejos de lo que jamás podrías imaginar. *Superpoderes mentales* te ayudará a utilizar al máximo tu extraordinaria capacidad cerebral latente.

Introducción

Despierta. Estás por aprender a usar tu cerebro para lograr tener el control de tu carrera y tu vida personal. Pronto, tus ojos serán capaces de ver cosas que estaban justo delante de ti sin que lo supieras. Usarás tus oídos para percibir información clave que otros ignoran por completo. Recordarás los datos y las cifras que te ayudarán a escalar hasta la cima de tu campo laboral, y mejorarás de manera significativa tu capacidad de razonar, imaginar, crear y aplicar la lógica. En otras palabras, podrás procesar y administrar información en una época en la que la gente más exitosa es aquella que no solo tiene éxito en los negocios, sino en la vida en general.

Superpoderes mentales. Guía para optimizar tu memoria, aprender mejor y resolver problemas es un libro completo que te brinda la oportunidad de beneficiarte enormemente de los más increíbles avances y estudios en materia de salud y funciones cerebrales, los cuales les han permitido a personas de todo el mundo utilizar al máximo su poder cerebral latente. La información y la guía contenida en este libro te permitirán cambiar, literalmente, tu forma de pensar sobre ti mismo y sobre el mundo a tu alrededor, además de transformar la percepción que los demás tienen sobre ti. Tus colegas descubrirán a un nuevo tú, uno que desconocían, y esto te brindará oportunidades a las que antes no tenías acceso.

Pero ¿cómo lograrás esto? ¿Qué clase de magia ocurrirá en tu mente para manifestar esta milagrosa transformación? ¿Cómo serás después de esto? ¿Cómo será tu vida cuando hayas dominado estas técnicas de optimización cerebral? Echemos un vistazo rápido a lo que te espera.

A lo largo de mi vida he tenido la fortuna de ayudar a miles de personas a mejorar drásticamente su poder cerebral, y cuando digo «drásticamente», lo digo en serio. En las últimas décadas ha habido tantos avances en nuestro conocimiento del cerebro y su funcionamiento que ahora es posible ayudar a las personas a despertar del estado durmiente en el que se encuentran. Sin importar lo eficiente que sea tu desempeño mental actual, conforme empieces a dominar las técnicas que te presento, sentirás como si hubieras estado dormido durante toda tu vida y acabaras de despertar. A cambio de invertir un poco de tu tiempo y esfuerzo, recibirás un regalo para toda la vida: una conciencia renovada, mayor confianza y la habilidad para alcanzar la cima, con un pensamiento a la vez.

¿Te parece demasiado para asimilar? ¿Acaso mis afirmaciones tan drásticas te hacen cuestionarte qué rayos podría hacer por ti en este libro que no hayas intentado ya? Bueno, antes de seguir leyendo, piensa en esto: Mortimer Adler, editor de la *Enciclopedia Británica*, alguna vez dijo que poseía «un amplio conocimiento sobre los avances más recientes con respecto a las investigaciones del potencial del cerebro y los procesos mentales que esto implica. Con base en este conocimiento, sus materiales sobre la mejora de nuestra memoria y nuestra capacidad de escuchar con perspicacia, leer y tomar notas están llenos de sugerencias ingeniosas y concretamente prácticas». Adler añade que su trabajo sobre lógica y análisis proporciona una guía muy útil para cualquier persona que quiera aprovechar al máximo su mente. Ten esto en cuenta mientras aprendes y practicas las técnicas que aparecen en este libro.

Muchas de las compañías más grandes y exitosas del mundo han utilizado mis técnicas para mejorar sus funciones de administración y capacitación, incluyendo IBM, Barkley's International, General Motors, Shell Oil, DuPont, Johnson & Johnson, ICI, Rank Xerox, British Petroleum, Flora Daniels y Digital Equipment. De hecho, estas compañías han pagado desde miles hasta cientos de miles de dólares para que comparta mi información sobre técnicas de administración con sus empleados. Con este libro accederás al mismo proceso exitoso, pero a una fracción del costo. Solo regálame unas cuantas horas de tu tiempo y, a cambio, transformaré la manera en que administras tu información y tu vida a través del poder cerebral.

Permíteme compartir una estadística contigo: el ejecutivo de negocios promedio dedica miles y hasta decenas de miles de horas al aprendizaje formal de materias como economía, historia, idiomas, literatura, matemáticas y ciencias políticas. Pero el mismo ejecutivo dedica de cero, reitero, de 0 a 10 h para aprender de manera formal cómo él o ella asimila, procesa y retiene la información y cómo sus patrones de pensamiento afectan de forma drástica su capacidad de hacer frente a los cambios. Con las habilidades que desarrollarás mientras lees este libro, no solo aprenderás cómo es que tu cerebro opera para alcanzar la alfabetización mental, sino que podrás usar ese nuevo conocimiento para que tanto tú como tu compañía puedan tener ganancias significativamente mayores. Mejorarás tus habilidades de lectura, escritura, comprensión y comunicación. Podrás entablar mejores relaciones, tanto profesionales como personales, y notarás un incremento sustancial en varias habilidades, como lluvia de ideas, resolución de problemas y toma de decisiones. En otras palabras, mis técnicas te guiarán hasta un nuevo nivel de desarrollo y rendimiento cerebral.

Todos los capítulos de este libro están organizados para obtener la máxima eficacia y eficiencia posibles. La primera parte de cada capítulo es informativa, para ponerte al corriente sobre cada tema o concepto. La segunda parte te guiará para llevar a cabo una serie de ejercicios que te permitirán poner en práctica lo aprendido. Con estos ejercicios reforzarás el conocimiento que has adquirido y, a la vez, entrenarás a tu cerebro con técnicas para optimizar la memoria y la cognición. A medida que realices los ejercicios, fortalecerás tus neuronas y desarrollarás nuevas redes neuronales, es decir, nuevas conexiones entre neuronas.

Desmentir el mito del 10%

Un mito común es que la mayoría de los humanos usa solo alrededor del 10% (o algún porcentaje pequeño) de su cerebro. El origen de este concepto erróneo fue rastreado, supuestamente, al físico Albert Einstein, y también al filósofo William James, quien escribió: «Solo estamos haciendo uso de una pequeña parte del potencial de nuestros recursos mentales y físicos». Quizá esta afirmación se refiera al hecho de que usamos una pequeña parte de nuestro cerebro para fines intelectuales.

La realidad es que ninguna parte de nuestro cerebro permanece inactiva ni en espera de que se le dé un buen uso. Todo el cerebro participa en numerosas tareas a lo largo del día, que van desde la coordinación de las actividades fisiológicas que nos mantienen vivos, como los latidos del corazón, la respiración y la digestión, hasta el procesamiento de información sensorial y la dirección de nuestra actividad física. No cabe duda de que cada uno de nosotros tiene un cerebro equipado con una capacidad prácticamente ilimitada para aprender.

Desarrollar el poder cerebral se trata de hacer que el cerebro sea más eficiente y efectivo. Incluso un pequeño aumento de poder puede resultar en una mejora impresionante del rendimiento, por lo que no hay necesidad de tratar de hacer un jonrón en el primer lanzamiento. Piensa en desarrollar el poder del cerebro como un proceso incremental. No te enfoques en ver una mejora espectacular al terminar el primer capítulo. Da pequeños pasos y procesa la información presentada en cada capítulo en pequeños fragmentos. Lee el libro una vez, realiza los ejercicios y repite el proceso para reforzar tu aprendizaje. Este programa tendrá un efecto acumulativo en ti. Cada habilidad que aprendas se apoya en la anterior y cuando tengas la combinación completa, descubrirás que continúas mejorando cada día por el resto de tu vida.

Desafía tus autolimitaciones

Puede que ahora estés pensando: «Pero hay algunas cosas en las que en verdad no soy muy bueno, las matemáticas, por ejemplo».

Es importante entender que todos, *todos*, tenemos el potencial de incrementar nuestra habilidad mental. Si bien es cierto que la genética juega un papel importante a la hora de establecer la habilidad intelectual, la opinión que cada uno de nosotros tiene de nuestra inteligencia es mucho más limitante. Si te pones límites, no podrás desempeñarte al máximo de tu capacidad. Tal vez en primaria tuviste algún maestro que te dijo que eras un desastre en matemáticas, y desde ese momento no has estado ni cerca de alcanzar tu potencial. Tú eres lo que piensas que eres. Casi todas tus limitaciones son impuestas por ti mismo, como resultado de un pensamiento autodestructivo. El primer paso en cualquier programa de superación personal es reconocer que se puede mejorar. Además, según investigaciones, una vez que uno empieza a mejorar en matemáticas, o en cualquier otra área, todas las demás áreas del desempeño mental mejoran.

También es posible que, en algún momento de tu trayectoria escolar, te enseñaran que tienes más desarrollado el lado derecho del cerebro (artístico, creativo) que el izquierdo (lógico, matemático), o viceversa. Es posible. Es verdad que hay dos cerebros: uno derecho y otro izquierdo, que funcionan de manera diferente. El lado derecho es responsable de tu sentido del ritmo, imágenes, imaginación, color, dimensionalidad y fantasía. Por su parte, el lado izquierdo se ocupa de las palabras, la lógica, la aritmética, la secuencia, la linealidad y la capacidad de análisis. Pero no existe absolutamente ninguna razón por la que un lado tenga que ser dominante sobre el otro. Cada uno de nosotros tiene un cerebro izquierdo y uno derecho totalmente capaces. Cada uno de nosotros tiene habilidades tanto del cerebro derecho como del izquierdo.

Probablemente, uno de los mejores ejemplos de una figura histórica que tenía un cerebro totalmente desarrollado y balanceado fue un genio que se destacó en una amplia gama de disciplinas intelectuales y creativas, incluyendo las siguientes: arte, escultura, fisiología, innovación, meteorología, geología, ingeniería, aviación, arquitectura, mecánica, anatomía, física y ciencia en general. ¿Sabes a quién me refiero?

Si pensaste en Leonardo da Vinci, estás en lo correcto.

Por otro lado, muchos de nuestros más grandes científicos y artistas parecen haber estado bastante desequilibrados en términos de la actividad cerebral. Einstein y muchos otros científicos parecían estar predominantemente orientados hacia el lado izquierdo del cerebro, mientras que artistas como Cézanne y Picasso dominaban el lado derecho. Einstein reprobó francés en la escuela, pero tenía una variedad de intereses que sin duda desafiaban a su cerebro, como tocar el violín, navegar, leer, el arte y soñar despierto.

Tu cerebro no tiene por qué estar desequilibrado; puede desarrollar ambos lados, y este programa no solo te alentará a hacerlo, sino que te guiará a través del proceso de involucrar por completo ambos lados de tu cerebro para una función óptima. Después de todo, un cerebro equilibrado funciona mejor. Por ejemplo, los matemáticos más brillantes no hacen cálculos laboriosos con el lado izquierdo del cerebro, sino que visualizan los problemas y los resuelven de forma creativa al involucrar también a su lado derecho.

El coeficiente intelectual no es la única medida de tu inteligencia

Los resultados de las pruebas de coeficiente intelectual (CI) a menudo se presentan como un signo de la capacidad intelectual bruta de una persona. Por ejemplo, con frecuencia se usan para comparar a los presidentes de Estados Unidos y otros líderes mundiales. Sin embargo, investigaciones han demostrado que las pruebas del coeficiente intelectual no son medidas de inteligencia totalmente confiables. No obstante, muchas personas creen, según su puntaje del coeficiente intelectual, que solo tienen una inteligencia promedio, y asumen que están mal equipadas para asumir ciertos desafíos intelectuales.

Las pruebas del coeficiente intelectual miden el desempeño humano sin entrenamiento y sin desarrollar, punto. Por ejemplo, el estudio de Berkeley sobre la creatividad mostró que una persona con un coeficiente intelectual elevado no era necesariamente alguien que pensara o actuara de manera independiente ni alguien con sentido del humor... o siquiera alguien que valorara un buen sentido del humor, la belleza, la originalidad o el ingenio. De hecho, es posible que una persona con un coeficiente intelectual alto ni siquiera sea conocedora, fluida, flexible o astuta. Las pruebas de inteligencia miden las dimensiones naturales de nuestra mente, además de nuestra *capacidad* de aprendizaje y comprensión; sin embargo, todos tenemos una capacidad casi ilimitada para aprender. Lo que separa a una mente superior de una mediocre es la forma en que esa mente se utiliza y se fortalece al enfrentar retos. Así como nos volvemos más fuertes físicamente cuando desafiamos la resistencia y la fuerza de nuestro cuerpo, la mente se vuelve más fuerte cuando se le desafía con frecuencia.

¿Las pruebas de coeficiente intelectual fueron desarrolladas para discriminar?

Contrario a lo que mucha gente cree, la prueba del coeficiente intelectual no se desarrolló para discriminar a los estudiantes que estaban en desventaja. Todo lo contrario, el célebre psicólogo francés Alfred Binet consideraba injusto que solo los niños de clase alta tuvieran la oportunidad de acceder a la educación superior. Por esta razón ideó la primera prueba de coeficiente intelectual, para permitir que cualquier niño con habilidades de desarrollo continuara con sus estudios. Las pruebas del coeficiente intelectual, en otras palabras, eran su boleto para salir de la privación y superar la discriminación, y abrieron oportunidades nunca antes soñadas para niños que, de otro modo, no habrían tenido la posibilidad de sobresalir más allá de su clase social.

Mi inspiración

Muchas personas preguntan qué fue lo que despertó mi interés por la investigación en torno al cerebro y la relación entre la inteligencia y el desempeño académico, profesional, en los negocios y en la vida en general. Mi inspiración proviene de algo que experimenté durante mi infancia.

Cuando era joven, a mi mejor amigo y a mí nos encantaba pasar tiempo al aire libre. Cualquier actividad que pudiéramos llevar a cabo en campos, bosques y arroyos cercanos era una experiencia nueva y maravillosa para nosotros. De hecho, ambos amábamos la naturaleza con la pasión desenfrenada de un niño. Cuando cumplimos 7 años, la escuela ya se había entrometido en nuestras jóvenes vidas, pero seguíamos pasando el mayor tiempo posible al aire libre, en especial después de salir de clases. Sin embargo, nuestra vida cambió de manera drástica cuando el maestro nos aplicó el primer examen. Hizo preguntas como: «Describe la diferencia entre una mariposa y una polilla» y «Nombra tres tipos de peces que puedes encontrar en los arroyos locales». Mi amigo, que podía nombrar prácticamente cualquier ave, insecto, mariposa o polilla con el simple acto de observar sus patrones de vuelo, recibió un cero en esa prueba. Yo, por otro lado, que ni siquiera podía acercarme a igualar sus brillantes hazañas de reconocimiento, recibí una calificación perfecta.

Por los resultados de las pruebas, me consideraron inteligente y fui el primer lugar de la clase. Mi amigo fue considerado tonto, clasificado como poco inteligente y quedó rezagado en la clase. Fue horrible porque ambos sabíamos que la situación realmente era al revés, pero la escuela no. No entendí hasta años después lo que en realidad había sucedido, aunque, en cierto modo, era intuitivamente consciente de ello. Resultó, desde luego, que mi amigo era analfabeto, y que tampoco podía contar, ya que provenía de un hogar muy pobre.

Y el único problema, por así llamarlo, era que no había desarrollado la serie de habilidades básicas de las que se encarga la corteza cerebral izquierda. Debido a eso, no pudo con el examen. Yo, por otro lado, había desarrollado esas habilidades y podía realizar una prueba; sin embargo, su cerebro podía calcular, en ese momento, infinitamente más que el mío sobre el tema en el que yo era considerado brillante y él no. Él era el verdadero genio, pero no por escrito.

A medida que continuaba con mis estudios, llegué a comprender por completo que muchos de estos problemas eran en realidad universales, y que todos podían atribuirse a la falta de conciencia o a la falta de capacitación en habilidades cerebrales simples y básicas. Escuché los mismos problemas por parte de todas las personas con las que hablé: «No puedo concentrarme», «Me siento mal», «No estoy feliz, pero no sé por qué», «No sé a dónde voy ni lo que quiero», «Tengo miedo al fracaso», «Parece que nunca tengo tiempo para nada», «Mis relaciones personales no son lo que deberían ser», «Estoy estresado».

Utilizándome a mí mismo como conejillo de Indias, descubrí que, al aplicar nuevos descubrimientos sobre las funciones cerebrales, podía convertirme en un maestro de la autogestión. Podía hacer mucho más porque tenía más energía. Mejoré mi salud física, mi capacidad mental y mi autoorganización.

Tal vez pienses que el camino a la perfección requiere el tipo de reglamentación y disciplina que hace que una persona se vuelva rígida y carente de creatividad, que los líderes y triunfadores se vuelven tan estructurados que pierden todo sentido de la espontaneidad, y sienten que te están haciendo un favor al encontrarte un espacio en sus agendas apretadas. Pero ese no es el caso si lo haces bien. Descubrí que lo que realmente vuelve a las personas rígidas, tensas y negativas son los problemas persistentes a los que se enfrentan: las limitaciones y frustraciones que tratan de superar con desesperación. Pero, cuando uno se equipa con el conocimiento y las técnicas para lograr la libertad mental, y se permite tener un espacio creativo, se vuelve más único, especial, divertido y socialmente consciente. Cuando nos liberamos de las restricciones ocasionadas por la mala gestión personal y del tiempo, el mundo se ve mejor porque te mueves deprisa.

Mis años de prueba, desarrollo y mejora se resumen aquí para tu beneficio. Al trabajar con este libro, estás sentando las bases para una vida más rica, productiva y feliz.

¿Qué es lo que te han enseñado?

Antes de ver más de cerca la mejora de las funciones cerebrales, como la lógica, la aritmética, el análisis y la imaginación, quiero que pienses en lo que te enseñaron sobre cómo funciona tu cerebro. Responde las siguientes preguntas marcando la casilla de «Sí» o «No». El objetivo es crear un registro de tus respuestas para que puedas revisarlas más adelante y ver cuánto has progresado después de completar este programa.

Como parte de tu educación (primaria, secundaria, preparatoria o universidad), ¿te enseñaron...

	Sí	No
1. ... las diferencias entre el lado izquierdo y derecho del cerebro?		
2. ... el potencial matemático, de memoria y de aprendizaje de tu cerebro?		
3. ... cómo cambia tu memoria durante el aprendizaje?		
4. ... cómo cambia tu memoria después de aprender?		
5. ... cómo desarrollar un sistema infalible para recordar información?		
6. ... cómo desarrollar tu capacidad de escuchar?		
7. ... el papel de los movimientos oculares para acelerar el proceso de aprendizaje?		
8. ... cómo mejorar drásticamente tu comprensión?		
9. ... técnicas de taquigrafía?		
10. ... cómo interactúan las palabras y las imágenes en tu mente?		

	Sí	No
11. ... técnicas para tomar notas que te ayuden a formar imágenes mentales de tus pensamientos?	■	■
12. ... cómo prepararte para los exámenes y resolverlos?	■	■
13. ... cómo hacer informes, discursos y presentaciones?	■	■
14. ... métodos para acelerar el ritmo de los cálculos matemáticos?	■	■
15. ... técnicas para analizar argumentos y detectar defectos de razonamiento lógico?	■	■

La mayoría de las personas responde «sí» a solo unas cuantas de estas preguntas. Mucha gente responde «no» a todas. Piensa en todo el potencial desperdiciado en nuestros primeros años. Piensa en cómo cambiarás cuando puedas responder «sí» a gran parte de las 15 preguntas después de completar este programa.

CAPÍTULO 1

UN REPASO DE LAS FUNCIONES BÁSICAS DEL CEREBRO

Todo lo que hacemos, cada pensamiento que alguna vez hemos tenido, es producido por el cerebro humano. Pero exactamente cómo funciona sigue siendo uno de los mayores misterios sin resolver, y parece que cuanto más investigamos sus secretos, más sorpresas encontramos.

NEIL DEGRASSE TYSON

El cerebro es un órgano complejo contenido en los confines del cráneo que procesa la información sensorial, además de otro tipo de percepciones, y controla el pensamiento, la memoria, la emoción, el tacto, el movimiento físico, la visión, los latidos del corazón, la presión arterial, la respiración, la temperatura, la digestión y todos los demás procesos fisiológicos. Incluso antes de empezar a estudiar matemáticas formalmente, tu cerebro ya realizaba miles, incluso millones de cálculos diarios e instantáneos solo para controlar tus movimientos físicos en el mundo.

Si bien no es frecuente que pensemos en ello, nuestro cerebro es una supercomputadora biológica conformada por alrededor de 100 000 millones de neuronas. Nuestra capacidad para almacenar y procesar información y pensar es una función no solo de esos miles de millones de neuronas, sino también de las conexiones entre ellas: las redes neuronales que se forman a medida que asimilamos información y usamos y desafiamos a nuestro cerebro. Todas estas redes de comunicación y almacenamiento de datos se basan en sistemas de mensajería tanto eléctricos como químicos que se comunican más rápido que la velocidad de la luz, literalmente, a la velocidad del pensamiento.

En este breve capítulo te presento los conceptos básicos del cerebro, aclaro las diferencias entre los lados izquierdo y derecho de este, y explico cómo poner a trabajar el ciclo de descanso-actividad para que el aprendizaje sea más eficiente y se sienta menos agobiante. Finalmente, cierro el capítulo presentándote el concepto de los cerebros superior e inferior.

Historia de dos cerebros

Lo que hemos descubierto durante la última década es que en realidad tenemos dos cerebros: un cerebro izquierdo y un cerebro derecho, como se muestra en la figura 1.1. En los laboratorios de California, a finales de la década de 1960 y principios de la de 1970, se inició una investigación que cambiaría la historia de nuestra apreciación del cerebro humano, y que más tarde le valdría a Roger Sperry, del Instituto Tecnológico de California, un premio Nobel, y a Robert Ornstein, fama mundial por su trabajo sobre las ondas cerebrales y la especialización de funciones, retomado durante la década de 1980 por el profesor Eran Zaidel.

En resumen, lo que Sperry y Ornstein descubrieron fue que los dos lados del cerebro, o las dos cortezas —que están unidas por una red increíblemente compleja de fibras nerviosas llamada «cuerpo calloso»— se ocupan predominantemente de diferentes tipos de actividad mental. En la mayoría de las personas, la corteza cerebral izquierda se ocupa de la lógica, las palabras, el razonamiento, los números, la linealidad, el análisis, etc., las llamadas «actividades académicas». Mientras que la corteza izquierda está involucrada en estas actividades, la corteza derecha está en la «onda alfa» o estado de monitoreo. La corteza derecha se ocupa del ritmo, las imágenes, la imaginación, el color, el procesamiento paralelo, el soñar despierto, el reconocimiento de rostros y el reconocimiento de patrones o mapas.

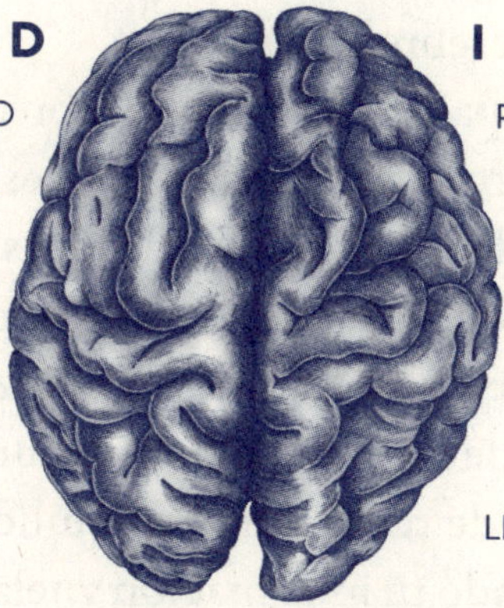

Figura 1.1. Vista frontal de los dos lados del cerebro y sus funciones.

Investigaciones posteriores han demostrado que cuando se animaba a las personas a desarrollar un área mental que consideraban débil, en lugar de restar valor a otras, este desarrollo parecía producir un efecto sinérgico en el que todas las áreas del rendimiento mental mejoraban.

Desarrollar ambos lados del cerebro

A pesar de la gran cantidad de evidencia que se ha presentado en las últimas décadas, muchas personas no están seguras de que en realidad tienen capacidades del cerebro izquierdo y del cerebro derecho, pero las tienen, todos las tenemos. Por ejemplo, déjame hacerte una pregunta: ¿puedes hablar y entender el idioma en el que está escrito este libro? Por supuesto que sí. Y si puedes, entonces utilizaste de manera automática las habilidades de aritmética, lógica, análisis y secuenciación del lado izquierdo de tu cerebro. También utilizaste tus habilidades de ritmo, imaginación y conciencia espacial, que corresponden al lado derecho del cerebro.

La conciencia espacial tiene que ver con dónde te encuentras, en un sentido físico, cuando tienes esos espasmos de imaginación, esos sorprendentes estallidos de ideas. ¿Estás, como la mayoría de la gente, conduciendo, dando un paseo por un bosque o tirando piedras en un estanque? Tal vez estés en la cama, o incluso en la regadera, o mirándote en un espejo. Es cuando estás en un estado de relajación, tranquilidad y, por lo general, por tu cuenta, cuando tu imaginación vuela, cuando llegan esos estallidos de ideas asombrosamente imaginativos, y eso nos lleva de regreso a Albert Einstein.

Ahora, Albert Einstein atribuía a su imaginación, sus juegos de imaginación y sus habilidades del lado derecho del cerebro el hecho de habernos proporcionado muchas de sus ideas científicas más importantes. Y todos estos son atributos que, por lo general, asociamos con el lado izquierdo del cerebro. Fue en un cálido día de verano, cuando estaba acostado en una colina soñando despierto, que Einstein se imaginó montando rayos del Sol hasta los rincones más lejanos del universo. Cuando descubrió que no importaba lo lejos que fuera, ilógicamente volvía a la superficie del Sol donde había comenzado, de repente se dio cuenta de que el universo debía ser curvo y, por lo tanto, finito. Y se percató de que su entrenamiento lógico anterior no había ido lo suficientemente lejos. Entonces, inspirado por esta epifanía, hizo los cálculos, las ecuaciones, las palabras y las imágenes para describirlo en términos científicos y matemáticos, y finalmente entregó al mundo su nueva teoría de la relatividad; un producto de la síntesis del cerebro derecho y la actividad del cerebro izquierdo.

Cuando piensas en un gran artista, ¿piensas en esa persona como alguien cuyo lado dominante es el derecho o izquierdo? La mayoría de la gente respondería: «dominante del lado derecho del cerebro». Sin embargo, muchos, muchos artistas (prácticamente todas esas personas que consideramos salvajes y desestructuradas) toman notas meticulosas sobre los tonos, las combinaciones y la secuencia de colores que producen equilibrio visual. Por ejemplo, cuando el artista pop Andy Warhol murió, su diario contenía un registro exacto de cada centavo que había gastado en cada viaje en taxi, y otros gastos.

Entonces, cuando uno asegura, por ejemplo, ser un gran músico, pero malo en matemáticas, simplemente está describiendo un área que eligió desarrollar y otra a la que le prestó poca atención. Siempre es posible pivotar en algún punto para enfocar tus energías mentales en una disciplina que involucre más la mitad opuesta de tu cerebro. Pero ten en cuenta que, incluso si dominas el cerebro izquierdo o derecho, la mitad menos comprometida de tu cerebro no se marchita ni muere. La investigación del cerebro muestra que cuando se anima a las personas a desarrollar un área mental que consideraban débil, esa mitad del cerebro responde al desafío. Y, en lugar de restarle valor a otras áreas del desempeño mental, el desafío produce un efecto sinérgico en el que todas las áreas mejoran. Al leer este libro y realizar los ejercicios, no solo te desarrollarás más en las áreas en las que ya eres fuerte, sino que también mejorarás drásticamente aquellas áreas en las que te considerabas débil.

Dominar el ciclo de descanso-actividad

Antes de adentrarte de lleno en este programa de acondicionamiento mental, debes comprender y apreciar la importancia de lograr un equilibrio entre el descanso y la actividad. Nuestra cultura se enorgullece de frases como «trabajar a marchas forzadas», «estar al pie del cañón» y «trabajar hasta el cansancio». Tendemos a considerar a las personas que hablan sobre la calidad de vida como algo perezosas o indisciplinadas. Muchos desdeñamos el tiempo libre, pero el cerebro solo puede realizar cierta cantidad de actividad, entre 20 y 60 min a la vez, antes de quedarse sin oxígeno y recursos fisiológicos. En otras palabras, el cerebro, al igual que el cuerpo, requiere periodos de descanso.

Si alguna vez asististe a una clase larga, una presentación o una reunión, o incluso si te sentaste a ver una película de 3 h como *Batman*, ya sabes que tu cerebro comienza a apagarse mucho antes de la conclusión, y no puedes simplemente pedir tiempo fuera. Quienquiera que esté a cargo se esfuerza por seguir adelante, al igual que un jinete azotando a su caballo en la vuelta final para llegar a la línea de meta. Sin embargo, eso no funciona tan bien con el cerebro. Para obtener la máxima recompensa de un periodo de actividad cerebral desafiante, debes dominar el ciclo de descanso-actividad.

Cuando permites que tu cerebro descanse, le das tiempo para recuperarse, reorganizarse y prepararse para el próximo ciclo de actividad mental. Descansar el cerebro no significa necesariamente no hacer nada. Puedes tomar un descanso mental con un simple cambio de una actividad del cerebro izquierdo a una del cerebro derecho, o viceversa. Por ejemplo, si has estado trabajando en problemas matemáticos (cerebro izquierdo), cambia a una actividad del cerebro derecho, como soñar despierto. Solo mira lo que logró Einstein mientras echaba su imaginación a volar.

Aunque, claro, siempre puedes optar por desconectar ambas mitades del cerebro. A menudo hacemos esto en periodos de sueño o meditación. Por supuesto, el cerebro sigue funcionando. Continúa coordinando los latidos del corazón, la respiración y la digestión. Procesa toda la información y sensaciones recopiladas a lo largo del día. Incluso resuelve problemas. Durante estos momentos de inactividad, el cerebro también se repara y se desintoxica; sí, así como tu automóvil produce desechos cuando quema combustible, tu cerebro produce desechos que deben eliminarse para mantenerte saludable y asegurar un funcionamiento óptimo.

Pero el descanso físico no es el propósito de tomar descansos mentales durante el día. La idea detrás de alternar la actividad mental con periodos de descanso es permitirte enfocarte de manera más efectiva en lo que requiera tu concentración en ese momento. De algún modo, perder la concentración es la forma en la que el cerebro nos dice que necesita un descanso. Es el recurso que tiene el cerebro de protegerse del desgaste y, en muchos casos, de demasiada información a la vez.

¿Qué pasa si no cedemos a estos lapsos de concentración? ¿Qué pasa si nos esforzamos más allá de los periodos de 60 min? En definitiva, es posible ignorar las solicitudes de descanso de tu cerebro a corto plazo. Es posible que no logres la máxima eficiencia, pero puedes continuar sin descansos planificados. Sin embargo, no puedes hacerlo a largo plazo. En casos extremos, sin descanso, tu cerebro se vuelve cada vez más susceptible a sufrir un «ataque de nervios» o un colapso fisiológico.

Reconocer el cerebro superior e inferior

El cerebro izquierdo y derecho probablemente te resulten familiares, pero ¿sabes que el cerebro también se divide en un cerebro superior e inferior? El cerebro superior a menudo se llama «cerebro consciente» o «corteza cerebral». Es la parte del cerebro a la que nos referimos cuando le decimos a alguien que se concentre. El cerebro superior se ocupa de todas tus actividades intelectuales. Entonces, cuando hablamos del cerebro izquierdo y derecho, en realidad nos referimos al cerebro superior izquierdo y derecho. El cerebro inferior, a veces denominado «cerebro subconsciente», se encarga de nuestras funciones cotidianas, como regular la presión arterial, la temperatura corporal, la digestión y otras operaciones «automáticas».

Lo que resulta fascinante es que el cerebro superior puede controlar al cerebro inferior. Como resultado, la mente puede controlar al cuerpo. Hay miles de estudios documentados de personas que se recuperaron de enfermedades simplemente a través del poder de su mente. Del mismo modo, las personas pueden, literalmente, enfermarse de preocupación. Por ejemplo, los estudiantes que sufren de ansiedad severa por los exámenes pueden experimentar malestar estomacal, hemorragias nasales o urticaria con solo pensar en su próximo examen. Según algunos estudios, en aproximadamente el 80% de los pacientes que sufre dolor de espalda lo suficientemente intenso como para consultar a su médico, este puede atribuirse a estrés emocional o psicológico consciente o subconsciente: sus médicos no pueden encontrar ningún problema estructural en sus espaldas. Todos estos son casos en los que el cerebro superior controla al cerebro inferior, ya sea consciente o inconscientemente.

No subestimes el poder de tu mente subconsciente

Según muchos expertos, filósofos y pensadores espirituales, la mente subconsciente hace mucho más que tan solo regular y coordinar funciones corporales autónomas. Es la parte de la mente que nos conecta a todos entre nosotros y con la fuerza omnipotente y omnisciente que impregna el universo. Al transferir nuestros deseos conscientes a nuestra mente subconsciente, podemos aprovechar el poder creativo del universo y el poder de la mente colectiva de todos los seres vivos para hacer realidad todo lo que imaginemos y creamos plenamente posible. A través del poder de tu mente subconsciente puedes curarte a ti y a los demás, lograr un éxito increíble en tu carrera o negocio, llevar una vida más rica y satisfactoria e incluso desarrollar poderes psíquicos, como la clarividencia y la telepatía.

Varios libros han documentado el poder de la mente subconsciente, como el éxito de ventas de Joseph Murphy, *El poder de la mente subconsciente*, *Piense y hágase rico* de Napoleon Hill y *El secreto* de Rhonda Byrne. En estos y otros libros los autores presentan técnicas para transferir los deseos conscientes al subconsciente, como la repetición diaria de afirmaciones.

Pero incluso si no crees que el cerebro subconsciente tiene poderes metafísicos, sería prudente fomentar una mentalidad positiva. El éxito en cualquier área o actividad, incluida la optimización de tu poder mental, requiere un cierto grado de confianza y certeza de que tendrás éxito. El poder del pensamiento positivo brinda la confianza y la certeza requeridas. Por lo general, las personas no tienen éxito en nada cuando están convencidas de que fracasarán; a menudo, ni siquiera lo intentan.

En mi trabajo como *coach* olímpico descubrimos que muchos de nuestros atletas más exitosos practican lo que llamamos «visualización de imagen mental». Pueden ver en su mente, en el «ojo» de su mente, cada paso de su desempeño y cómo ganarán un evento. Su cerebro superior usa el asombroso poder que tiene para controlar la enorme energía del cerebro inferior y producir el resultado deseado. La más mínima duda consciente de que tendrán éxito suele ser suficiente para socavar por completo su desempeño. La legendaria gimnasta Simone Biles dijo una vez: «Dentro de mi cabeza, tengo que poner mi cuerpo y mi mente en el lugar correcto antes de comenzar la rutina, pero cuando estoy "en la zona", es como si encendiera un interruptor».

Con las herramientas de este libro podrás ampliar tu introducción a las funciones del cerebro izquierdo y derecho. Una vez que lo hagas, verás cómo este programa tendrá un impacto impresionante en tu desempeño en cada área de la vida.

CAPÍTULO 2

LLEVA TUS HABILIDADES MATEMÁTICAS AL SIGUIENTE NIVEL

Las matemáticas son como ir al gimnasio para tu cerebro.
Agudizan tu mente.

DANICA MCKELLAR

Puede que seas muy hábil en matemáticas o no. Históricamente, en algún momento se desalentó a las niñas de estudiar matemáticas en muchas escuelas. Ya sea debido a la superstición o a antiguas suposiciones sobre el lugar de la mujer en la sociedad, la realidad es que ha habido discriminación. Es posible que algunos de nosotros nos alejáramos con el paso del tiempo del estudio de las matemáticas debido a la forma en que se enseñan, o que, al llegar a cierto nivel de estudio, por ejemplo, de álgebra o cálculo avanzados, dejáramos de reconocer su aplicación práctica en nuestra vida. Pero el desinterés por las matemáticas o el desánimo por estudiarlas no significa que carezcamos de la capacidad para desarrollar habilidades en esta área.

En el pasado, se suponía que ciertas personas tenían la habilidad matemática y otras no, sin importar cuánta ayuda se les brindara. Ahora sabemos que, si no nos va bien en una habilidad como las matemáticas, es tan solo porque nunca nos permitimos desarrollarnos en esa área. No es porque no podamos, porque claro que podemos. De hecho, quiero reafirmarte que eres capaz de hacer cualquier tipo de cálculo matemático.

Es más, todos los días llevas a cabo algunos de los cálculos matemáticos más asombrosamente complejos que puedas imaginar. Tus ojos, por ejemplo, reciben miles de millones de pequeños bits de información cada nanosegundo a partir de los cuales calculas en automático la distancia y la velocidad. A partir de esos datos, evalúas la velocidad de un automóvil que se aproxima y calculas con una rapidez y complejidad asombrosas si tienes o no tiempo para cruzar la calle sin que te atropellen. Y lo haces mucho mejor que cualquier computadora conocida.

El punto al que quiero llegar es que *sí* eres bueno en matemáticas, incluso si no lo sabes. Si sigues mis técnicas, mejorarás tu habilidad para sumar, restar, multiplicar y dividir. Puede que no te conviertas en el matemático brillante que eres capaz de ser, pero comenzarás a darte cuenta de que, en realidad, tienes una aptitud innata. Alcanzar tu potencial es tan solo cuestión de aplicación.

Tu asombrosa capacidad matemática latente

Ahora sabemos que hay cuatro factores principales que determinan la capacidad matemática (ninguno de los cuales es la raza o el sexo):

1. Técnicas
2. Práctica
3. Memoria
4. La capacidad básica del cerebro

1. Técnicas

A lo largo de los años, los matemáticos han desarrollado técnicas cada vez más sencillas para realizar diferentes cálculos matemáticos. Estas fórmulas son mucho más fáciles de obtener que antes, y aquellos que las usan son invariablemente mejores «calculadores» que aquellos que no las usan. Este capítulo describe, con ejemplos, algunas de las técnicas más básicas.

2. Práctica

Todos los buenos calculadores, especialmente aquellos considerados «grandiosos», han admitido que su habilidad se lograba no solo mediante técnicas sino también con la práctica continua: ninguno nació procesando números. Al igual que con otras áreas mentales, calcular es una habilidad y requiere práctica para permitir que el cerebro se familiarice con los diversos aspectos de la tarea.

A medida que practicas, tu cerebro comienza a desarrollar redes neuronales, lo que aumenta tu capacidad biológica y fisiológica para realizar operaciones matemáticas. Cuanto más practiques, más efectivas y eficientes se vuelven estas redes neuronales.

3. Memoria

Sin excepción, los grandes calculadores memorizaron muchas de las técnicas y fórmulas fundamentales necesarias para su arte. Antes, esto era visto como una barrera infranqueable por quienes pensaban que la memoria tenía una capacidad limitada. Cada uno de nosotros tiene una memoria casi ilimitada, y si usas tu memoria de manera correcta, todas las tareas relacionadas con ella resultarán relativamente más fáciles, incluidas las matemáticas. (Para obtener más información sobre cómo desarrollar tu memoria, consulta el capítulo 4).

4. La capacidad básica del cerebro

Así como en el pasado subestimamos la capacidad de la memoria, también subestimamos la capacidad general del cerebro. Desde luego, lo que sabemos ahora es que el cerebro tiene una capacidad casi ilimitada, y que esto abarca todas las materias, incluidas las ciencias y las artes. La investigación del profesor Ornstein sobre las mitades izquierda y derecha del cerebro también ha demostrado que cada uno de nosotros tiene un cerebro «matemático» y un cerebro «imaginativo», y que el potencial de cada uno es básicamente el mismo. Es probable que cualquier «discapacidad» que podamos tener se deba a negligencia, más que a una falta de capacidad innata.

Récord mundial de cálculo mental

Sanaa Hiremath posee el récord mundial Guinness por realizar cálculo mental: resolver problemas matemáticos en su cabeza, sin la ayuda de una calculadora, pluma o papel. Actualmente tiene 11 años y le diagnosticaron autismo cuando tenía 2 años.

Sanaa reprobó matemáticas en segundo grado. Cuando sus maestros la evaluaron y le pidieron que escribiera los números del 1 al 20 en una hoja, no pudo realizar la tarea. Carece de las habilidades motoras finas necesarias para sostener y usar un lápiz.

Sin embargo, cuando sus padres le presentaron por primera vez los problemas de multiplicación, pudo resolverlos al instante. A medida que sus padres y maestros le presentaban problemas matemáticos cada vez más complejos, también pudo responderlos rápida y fácilmente.

Para establecer un nuevo récord mundial de cálculo mental, tuvo que resolver mentalmente un problema de multiplicación de 12 dígitos en menos de 10 min. Ahora está abordando problemas matemáticos que por lo regular se dan a los estudiantes de ingeniería en el MIT.

Suma

A lo largo de nuestra instrucción matemática, se nos enseñó a sumar columnas de números de derecha a izquierda, desde la columna de las unidades hasta la columna de las decenas y así sucesivamente, transfiriendo las cantidades de una columna a la siguiente. Por ejemplo, suma los siguientes números:

57
58
33
91
72
46
19
64

Probablemente comenzaste en la columna superior derecha y seguiste avanzando hacia abajo: 7 más 8 es 15, 15, más 3 es 18, 18, más 1 es 19, más 2 es 21, más 6 es 27, 27 más 9 es 36, más 4 es 40. Luego, dejamos el 0 y llevamos el 4 a la parte superior de la segunda columna. Ahora, 4 más 5 es 9, más 5 es 14… Lleva mucho tiempo, y ni siquiera he terminado.

Entre las muchas técnicas para sumar, estas cuatro facilitan el proceso de manera considerable:

1. Paquetes de 10
2. 10 completos
3. Múltiplos
4. Dividir los números

Ejercicio 1: Paquetes de 10

Siempre que sumes columnas largas de números, busca los «paquetes de 10». Por ejemplo, al sumar:

57
58
33
91
72
46
19
64

Es una pérdida de tiempo sumarlos murmurando para ti mismo 9 más 4 es 13, más 6 es 19, más 2 es 21, más 1 es 22, y así sucesivamente.

Es mucho más fácil vincular los números que suman 10, y así quedar con una serie de paquetes de 10. Al marcar con suavidad los paquetes de 10 con un lápiz, no perderás de vista los que ya agrupaste. Así, en la columna que estamos considerando, el 7 y el 3 suman un 10, el 8 y el 2 suman otro 10, el 1 y el 9 otro, y el 6 y el 4 uno más, y si los sumamos todos, nos da 40. En la siguiente columna el 5 y el 5 suman un 10, el 3 y el 7 otro 10, el

9 y el 1 otro, y el 6 y el 4 uno más, y cuando sumamos el 4 de la otra columna nos da 440.

Ejercicio 2: Paquetes de 10 (continuación)

La técnica de los paquetes de 10 funciona igual de bien incluso si los números no suman 10. Mira la siguiente columna larga de números y forma los paquetes de 10. Usa un lápiz para tachar los números a medida que los dices, para evitar confusiones. Inténtalo:

93
28
32
86
61
17
44
22

En la columna de las unidades, el 3 y el 7 suman un 10, el 8 y el 2 suman otro 10, y el 6 y el 4 uno más, lo que nos da tres decenas con 3 sobrantes: 33. En la siguiente columna, el 9 y el 1 suman 10, el 8 y el 2 también, y el 6 y el 4 uno más, y sobran 5, a lo que le sumamos los 3 de la columna anterior, y nos da un total de 383.

Como puedes ver, es posible duplicar con facilidad la velocidad con la que sumas simplemente usando la técnica de paquetes de 10. Y, como estás a punto de descubrir, las técnicas para sumar también pueden hacerte la vida más fácil y rápida.

Ejercicio 3: 10 completos

Se puede llevar la técnica de los paquetes de 10 un paso más allá al combinar números de dos dígitos que forman múltiplos de 10. Esta técnica de los 10 completos se puede ver claramente en el siguiente ejemplo:

34
26
97
15
13
55

Al combinar estos números con facilidad, podemos dividir esta columna en: 34 y 26 que suman 60; 97 y 13 que suman 110; 15 y 55 que suman 70. Entonces, 60 más 110 más 70 es igual a 240.

Al igual que con los paquetes de 10, los 10 completos a menudo pueden reducir a la mitad el tiempo que dedicas a un cálculo extenso.

Ejercicio 4: Múltiplos

A muchas personas les resulta más fácil combinar números similares y multiplicarlos en lugar de enfrentarse a una larga lista de números diferentes. Cuando te enfrentes a una larga columna de números, revisa toda la columna para ver cuántos números se repiten. Tu problema de suma, que en un inicio parecía grande y amenazante, se puede simplificar al aplicar las tablas de multiplicar. Por ejemplo:

7
8
6
1
5
7
7
9
6
5
1
5
9
9
8
7
8

Al marcar ligeramente los números repetidos, encontramos tres 9, tres 8, cuatro 7, dos 6, tres 5 y dos 1. Por lo tanto, el problema se puede escribir de esta forma:

$3 \times 9 = 27$
$3 \times 8 = 24$
$4 \times 7 = 28$
$2 \times 6 = 12$
$3 \times 5 = 15$
$2 \times 1 = \ \ 2$

Entonces, la suma se vuelve mucho más simple y la respuesta correcta, 108, se encuentra con mayor facilidad.

Este ejemplo es un problema de suma bastante corto, pero cuantos más números tengas que sumar, más útil se vuelve la técnica de los múltiplos.

Ejercicio 5: Dividir los números

Este último método de suma puede aumentar tu velocidad de cálculo de adiciones difíciles hasta cinco veces y, en ocasiones, infinitamente, porque sin él, muchas personas se rinden.

Con este método, solo tienes que dividir los números en partes más pequeñas. Supongamos que te presentan los siguientes problemas de suma:

$$\begin{array}{r} 31 \\ +\ 54 \\ \hline \end{array} \qquad \begin{array}{r} 425 \\ +\ 379 \\ \hline \end{array}$$

Podrías resolverlas con aritmética mental si «divides los números». Lo que esto implica es separar los números en dos partes más pequeñas, lo que hace que una suma «difícil» sea fácil en comparación. Una vez que hayas hecho esto, la suma se puede hacer con una sencillez asombrosa.

En el primer ejemplo dividimos los números 31 y 54:

$$\begin{array}{r} 3 \\ +\ 5 \\ \hline 8 \end{array} \qquad \begin{array}{r} 1 \\ +\ 4 \\ \hline 5 \end{array}$$

De esta manera, la respuesta, 85, es inmediatamente visible.

Esta técnica de dividir el número se vuelve aún más útil con números más grandes. En el segundo ejemplo, de nuevo los dividimos en dos números más manejables:

$$\begin{array}{r} 42 \\ +\,37 \\ \hline 79 \\ +\,1 \\ \hline 80 \end{array} \qquad \begin{array}{r} 5 \\ +\,9 \\ \hline 14 \\ -\,10 \\ \hline 4 \end{array}$$

La primera suma simple nos da 79. La segunda nos da 14; llevamos el 1 a la primera suma como un solo grupo de 10. Juntando los números, obtenemos la respuesta: 804.

Esta técnica y las demás presentadas en este capítulo pueden mejorarse con la práctica.

Resta

Hay dos técnicas principales para facilitar la resta:

1. Suma
2. Dividir los números
3. Mi técnica de resta rápida

Suma

Imagina resolver un problema de resta con la suma. Tomemos un ejemplo como el siguiente:

$$\begin{array}{r} 7\,596 \\ -\,4\,779 \\ \hline \end{array}$$

La mayoría de la gente pasaría por un proceso como este: «6 menos 9 no es posible, así que tomo prestado 1 de 9 para hacer 16; 16 menos 9 es 7; 8 menos 7 es 1; 5 menos 7 no se puede, así que pido prestado 1 de 7 para hacer 15; 15 menos 7 es 8; 6 menos 4 es 2».

En lugar de realizar lo que al final podría ser un proceso bastante laborioso, es mucho más fácil aplicar la suma al problema de la resta. Antes de empezar, «prepara» los números. Si un número de arriba es más pequeño que el número de abajo, le sumas 10 y le sumas 1 a la cifra inferior en la siguiente columna a la izquierda. Luego, la resta se realiza recitando el número que necesitas agregar a cada número inferior para formar el número superior.

Así, en el ejemplo anterior, la resta se haría de la siguiente manera: el 5 y el 6, al ser más pequeños que el 7 y el 9, se convertirán en 15 y 16:

$$\begin{array}{cccc} 7 & 15 & 9 & 16 \\ -5 & -7 & -8 & -9 \\ \hline 2 & 8 & 1 & 7 \end{array}$$

Con este método, llegamos a la respuesta correcta de 2 817 más rápido que con el método tradicional.

En restas largas, puedes ahorrar mucho tiempo con este enfoque de preparar los números antes de comenzar a restar y luego «sumar» para encontrar la respuesta correcta.

Dividir los números

Al igual que con la suma, la resta también se puede hacer más fácil si los números más grandes se dividen en números más pequeños.

Imagina que te dan los siguientes problemas de resta para resolver:

$$\begin{array}{r} 97 \\ -\ 32 \\ \hline \end{array} \qquad \begin{array}{r} 154 \\ -\ 42 \\ \hline \end{array} \qquad \begin{array}{r} 528 \\ -\ 212 \\ \hline \end{array}$$

En el primer ejemplo, dividimos los números 97 y 32 de la siguiente manera:

$$\begin{array}{r} 9 \\ -\ 3 \\ \hline 6 \end{array} \qquad \begin{array}{r} 7 \\ -\ 2 \\ \hline 5 \end{array}$$

De este modo, la respuesta 65 vuelve a ser inmediatamente visible.

Los dos ejemplos más «difíciles» se pueden dividir de manera similar, y veremos que las respuestas llegan casi de inmediato.

$$\begin{array}{r} 15 \\ -\ 3 \\ \hline 11 \end{array} \qquad \begin{array}{r} 4 \\ -\ 2 \\ \hline 2 \end{array}$$

$$\begin{array}{r} 52 \\ -\ 21 \\ \hline 31 \end{array} \qquad \begin{array}{r} 8 \\ -\ 2 \\ \hline 6 \end{array}$$

En las restas donde el número de abajo tiene números individuales que son más grandes que los números individuales de los que se restan, tan solo haz los ajustes apropiados de sumar 10 y dar 1 a la siguiente columna al dividir los números. Para restar 247 de 393, prepara los números así:

$$\begin{array}{r} 39 \\ -\ 25 \\ \hline 14 \end{array} \qquad \begin{array}{r} 13 \\ -\ 7 \\ \hline 6 \end{array}$$

Mi técnica de resta rápida

En un entorno matemático tradicional se te indica que restes comenzando de derecha a izquierda. Por ejemplo, para restar 67 de 100, primero restas 7 de 0, lo que por supuesto no es posible. Entonces, intentas tomar prestado del siguiente número, que también es 0. Luego, pasas al 1 y se lo das al 0 a su derecha para convertirlo en 10. Luego, tomas prestado 1 de ese 10 para hacer el 0 a la derecha 10. Ahora puedes restar el 7 del 10, lo que nos da 3. Como tomaste prestado 1 del 10 que estaba sobre el 6, le queda 9. Entonces 9 menos 6 es 3. Por lo tanto, la respuesta es 33.

Tomemos el mismo problema, 100 menos 67 y restemos desde la izquierda. Primero, cambia el primer 1 y 0 en 100 a 9 y cambia el segundo 0 a 10. Ahora, resta de izquierda a derecha: 9 menos 6 es 3, y 10 menos 7 es 3, lo que nos da la respuesta: 33. Bastante rápido, ¿verdad?

$$\begin{array}{rr} 9 & 10 \\ -6 & -7 \\ \hline 3 & 3 \end{array}$$

Esta técnica funciona con números como 100, 1 000, 10 000, 100 000 o 1 000 000. Solo es cuestión de cambiar el 1 y el 0 por 9 y todos los demás 0 por 9, excepto el último 0, que se convierte en 10. Esto nos facilita la operación porque normalmente leemos de izquierda a derecha. Aquí hay otro ejemplo: Resta 624 de 1 000.

Cambia el primer 1 y 0 en 1 000 a 9, el segundo 0 a 9 y el último 0 a 10; luego, resta de izquierda a derecha:

$$\begin{array}{rrr} 9 & 9 & 10 \\ -6 & -2 & -4 \\ \hline 3 & 7 & 6 \end{array}$$

¿Cuál es la respuesta? 376.

Resta 792 de 10 000:

$$\begin{array}{cccc} 9 & 9 & 9 & 10 \\ -0 & -7 & -9 & -2 \\ \hline 9 & 2 & 0 & 8 \end{array}$$

Como puedes ver, cuando el número del que estás restando tiene más dígitos que el número que estás restando, coloca el número inferior debajo del número superior para que sus dígitos más a la derecha estén alineados; luego, agrega ceros (uno en este caso) a la izquierda del número de abajo antes de hacer la resta. En este caso, restamos 0 792 de 10 000.

Otra forma de ver este método es decir que, al restar, digamos 1 000, cambiamos ese número a 999 por el momento, y luego sumamos 1 para compensar.

$$\begin{array}{cccc} 9 & 9 & 9 & 9 \\ -0 & -7 & -9 & -2 \\ \hline 9 & 2 & 0 & 7 \\ & & & +1 \\ \hline 9 & 2 & 0 & 8 \end{array}$$

Aquí hay otro ejemplo: Resta 7 438 de 10 000:

$$\begin{array}{cccc} 9 & 9 & 9 & 10 \\ -7 & -4 & -3 & -8 \\ \hline 2 & 5 & 6 & 2 \end{array}$$

Esta es una gran manera de hacer cálculos rápidos. Con solo un poco de práctica, podrás sorprender a tus amigos. A la larga, llegarás al punto en el que puedas dar una respuesta casi tan pronto como digan el número que se va a restar. Este es también el comienzo de demostrarte que puedes hacer aritmética, no solo bien, sino rápidamente.

Prueba esta técnica escribiendo tus números y respuestas y luego haciendo los cálculos en la cabeza.

Multiplicación

En la multiplicación hay dos técnicas especialmente útiles:

1. Multiplicar por 5
2. Multiplicar por 11

Multiplicar un número por 5

Para multiplicar por 5, multiplicamos por 10 y luego dividimos entre 2. Entonces, para multiplicar 5 por 84 580 simplemente le agregamos un cero (que es lo mismo que multiplicar por 10) para obtener 845 800; luego dividimos entre 2 para obtener la respuesta: 422 900.

Este método ahorra mucho tiempo y es aún más útil cuando se combina con la técnica de «visión de grupo» para dividir números, como se explica en la sección sobre la división.

Multiplicar un número por 11

Para multiplicar un número de dos dígitos por 11, suma los dos dígitos y pon tu suma en medio.

Por ejemplo, si queremos multiplicar 72 por 11, separamos el 7 y el 2 y ponemos en medio la suma de 7 y 2: 9, lo que nos da como respuesta 792.

Si la suma de los dígitos llega a 10 o más, tan solo agrega 1 al dígito de la izquierda. Por ejemplo, si quisiéramos multiplicar 85 por 11, separaríamos el 8 y el 5, los sumaríamos para dar 13, por lo que la respuesta sería 935.

De la misma manera que esta técnica de repente se vuelve fácil, existe una enorme variedad de técnicas de cálculo rápido para multiplicar números más largos por 11, al multiplicar números por 15, 25, 50, 75, 125 y otros. Y para aquellos que estén excepcionalmente interesados, también existen técnicas para la multiplicación cruzada de números grandes.

A partir de las técnicas simples demostradas, debería quedarte cada vez más claro que la habilidad matemática depende de saber cómo hacerlo, y existen muchos métodos ingeniosos.

División

Existen dos métodos fáciles para los siguientes tipos de problemas de división:

1. División entre 2
2. División entre 5

División entre 2

Para dividir números entre 2, aplica la «visión de grupo». Esto significa dividir el número en secciones fácilmente manejables, como con la suma y la resta. Por ejemplo, para dividir el número 6 728 544 entre 2, simplemente lo separamos de la siguiente manera:

6 72 8 54 4

Cada uno de estos números se divide fácilmente entre 2, y al dividirlos en orden obtenemos la respuesta 3, 36, 4, 27, 2 y los unimos para obtener 3 364 272.

Este breve ejemplo revela que cualquiera que desee convertirse en un calculador rápido debe aprender a escanear números antes de involucrarse demasiado en ellos. Cuando estés dividiendo entre 2, divide el número mediante pequeños trazos o guiones (a medida que avances, podrás dividir números tras un vistazo rápido, sin trazos ni guiones). Esta visión de grupo, si bien se aplica en particular a la división entre 2, también es un principio general útil en el cálculo rápido.

División entre 5

Para dividir cualquier número entre 5, divide entre 10 y duplícalo.

Por ejemplo, 823 dividido entre 10 es igual a 82.3 multiplicado por 2, es igual a 164.6.

Al igual que con los otros procedimientos matemáticos, existen muchas técnicas para dividir. Las que se muestran aquí son simplemente indicaciones de los caminos más fáciles que tienes a tu disposición.

Al aprender estas nuevas habilidades numéricas para la suma, la resta, la multiplicación y la división, habrás mostrado, en primer lugar, la voluntad de abrir tu mente a nuevos métodos. En segundo lugar, te habrás dado cuenta de qué tan efectivas son ciertas técnicas, y si en verdad funcionan. Tercero, ahora podrás usar tus nuevas habilidades en muchas situaciones de la vida real donde los cálculos rápidos y precisos son útiles y necesarios.

Por último, probablemente ahora estés empezando a pensar: «Mmm, tal vez pueda hacerlo. Tal vez soy un genio matemático». Hace un momento, es posible que te rehusaras a decir los números en voz alta o incluso a murmurarlos durante un cálculo. Ahora, tal vez estés haciéndolo sin pensarlo dos veces. El punto es que, si puedes imaginar los números y verlos con una claridad mucho más poderosa en el ojo interno de tu mente, podrás calcular más rápido. Las personas que son expertas en cálculo usan este sistema de imaginación porque involucra la habilidad de generar imágenes del cerebro derecho. Úsalo y tu habilidad matemática mejorará drásticamente.

En otras palabras, es una clara ventaja en la velocidad del cálculo matemático poder incorporar, como habrás adivinado, ambos lados del cerebro. Y curiosamente, ahora estamos descubriendo que es fácil establecer nuevos hábitos de aprendizaje. De hecho, ahora sabemos que incluso un cerebro mayor puede desarrollar nuevas habilidades, si está bien entrenado, más rápido que el cerebro de cualquier niño.

CAPÍTULO 3

PIENSA DE MANERA RACIONAL Y DETECTA FALACIAS LÓGICAS

La educación ha fallado gravemente en transmitir la lección más importante que la ciencia puede enseñar: el escepticismo.

DAVID SUZUKI

La mayoría de las personas se considera racional, pero la lógica a menudo tiene muy poco que ver con la toma de decisiones. Por ejemplo, las personas con frecuencia aceptan como un hecho lo que escuchan, ven o leen en los medios, simplemente porque confían en que los medios analizaron con minuciosidad y procuraron la exactitud de las noticias. De lo que a menudo no se dan cuenta es de que todos, incluidos tú y yo, somos parciales. Cada uno de nosotros tiene creencias profundamente arraigadas y una tendencia a creer lo que esperamos que sea verdad: los medios de comunicación y los reporteros no son inmunes a los prejuicios.

La capacidad de aplicar la lógica puede ser de gran valor para tomar decisiones en tu vida personal o profesional. Por ejemplo, supongamos que estás tratando de decidir entre vacunarte o no para protegerte de un virus potencialmente letal que podría propagarse a otros. Ya tuviste la infección y te recuperaste. Las autoridades sanitarias recomiendan que todos se vacunen, pero viste estudios que muestran que la inmunidad natural por haber tenido la infección es superior a la otorgada por la vacuna. Otros estudios han descubierto que los riesgos de vacunación son mayores para aquellos que ya tuvieron el virus y se recuperaron. ¿Qué harías? ¿Seguirías los consejos de las autoridades sanitarias o sacarías tus propias conclusiones con la evidencia disponible?

Ya sea que te des cuenta o no, el mundo está lleno no solo de hechos, sino también de lógica defectuosa e información errónea y engañosa. Desafortunadamente, surgen problemas cuando las autoridades intentan detener la ola de desinformación. Lo que ocurre a menudo es que el sesgo humano influye en los criterios para diferenciar lo que es cierto y lo que no. Las personas en el poder terminan decidiendo que todo lo que creen (o quieren que creas) es verdad y lo que no creen (o quieren que no creas) es falso.

La única solución que parece funcionar de manera efectiva es una combinación de libertad de expresión y educación: debemos permitir el libre flujo de información junto con un debate abierto y enseñar a todos a distinguir por sí mismos entre hechos y falacias. Y debemos abordar cada afirmación y cada declaración con una saludable dosis de escepticismo. En este capítulo, te guiaré en la dirección correcta y te proporcionaré ejemplos y ejercicios para reforzar los procesos de pensamiento lógico.

Analizando la lógica

Un argumento lógico es aquel en el que, si los hechos básicos o las premisas son verdaderas, las conclusiones a las que se llegan deben ser verdaderas también.

Verificar los hechos en los que se basa un argumento suele ser bastante fácil: hay que rastrear la fuente o llevar a cabo tu propia investigación. Incluso puedes interrogar a la fuente para determinar cómo se establecieron los hechos. Las fuentes no siempre son fiables.

Después de verificar los hechos, debes preguntarte si el argumento basado en esos hechos es legítimo: ¿conduce a una conclusión lógica? En muchos casos, un argumento que parece lógico puede llegar a una conclusión totalmente absurda. Aquí hay un ejemplo de un argumento falso que podría usarse para apoyar una creencia prejuiciosa:

Premisa: Todos los zorros tienen cola.

Declaración de hecho (cuestionable): El animal que vi corriendo hacia el bosque tenía cola.

Conclusión: El animal que vi corriendo hacia el bosque es un zorro.

Mucha gente ha sido engañada por argumentos que parecen lógicos, pero que no lo son.

Hay dos formas principales de presentación lógica y tergiversación, y pueden enunciarse de la siguiente manera:

1. Todos los A son B.
   Todos los B son C.
   Por lo tanto, todos los A son C.
2. Todos los B son C.
   A es un C.
   Por lo tanto, A es B.

Una de estas presentaciones es correcta; la otra, no. Una forma de aplicar la lógica es hacerlo visualmente, utilizando círculos para representar los grupos A, B y C.

Un diagrama simple de la primera presentación muestra que, si la premisa o declaración inicial es correcta, entonces la declaración final también lo será (figura 3.1). Si tomamos el grupo B y lo convertimos en un círculo, entonces el grupo de A será un círculo más pequeño dentro del grupo de B, porque todos los A son B. Si todos los B son C, entonces C será un círculo aún más grande que B; y todos los A serán, por lo tanto, C.

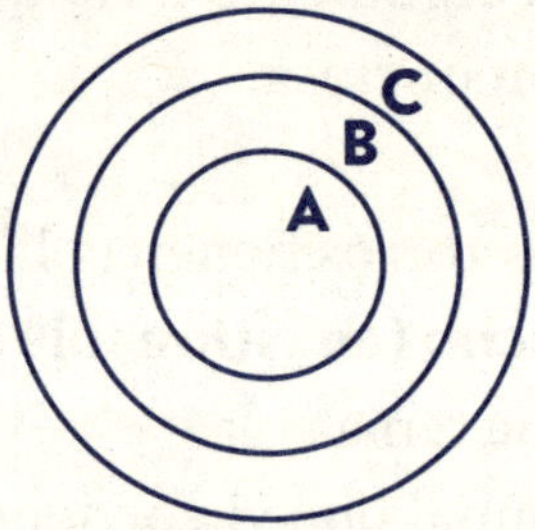

Figura 3.1. Todos los A son B, todos los B son C; por lo tanto, los A son C.

La solidez de este razonamiento se puede ilustrar con un ejemplo simple:

Todas las hormigas (A) son insectos (B).
Todos los insectos (B) tienen seis patas (C).
Por lo tanto, todas las hormigas (A) tienen seis patas (C).

Esta forma de argumento es correcta si la premisa es verdadera. Si la premisa *no* es cierta, esta forma de argumentación no solo se derrumba, sino que a menudo conduce a una conclusión absurda, como se puede ver en el siguiente ejemplo:

Es seguro comer todo tipo de bayas.
La belladona es una baya.
Por lo tanto, es seguro comer belladona.

Aunque este argumento está presentado en una forma lógica correcta, es falso porque su primera premisa es falsa. Entonces, al escuchar o leer argumentos, es necesario verificar que las premisas sean precisas.

Lo siguiente que debes verificar es si la declaración sigue un tren de pensamiento lógico. La segunda presentación lógica mencionada anteriormente es un ejemplo de razonamiento erróneo, como se ilustra en la figura 3.2. Aquí, de nuevo, C representa el grupo grande, y debido a que todas las B son C, B puede mostrarse con un círculo más pequeño adentro. A también es una C, pero A podría estar dentro del círculo B o, significativamente, fuera de él. Llegar a la etapa final del argumento diciendo «Por lo tanto, A es B» es afirmar algo que *puede* ser cierto, pero que no es *necesariamente* cierto. Por lo tanto, es un argumento falso.

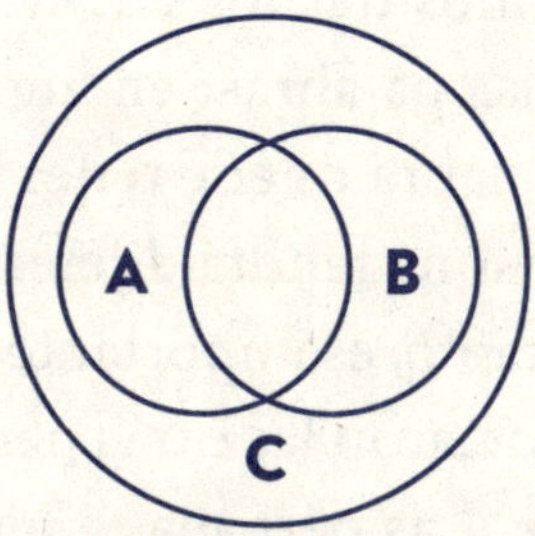

Figura 3.2. Todos los A son C, todos los B son C, pero no todos los A son B.

El error de esta premisa se puede ver en el siguiente ejemplo:

Todos los cantantes (A) son bailarines (C).
Todos los actores (B) son bailarines (C).
Por lo tanto, todos los cantantes son actores.

Este tipo de argumento es bastante común en las discusiones sobre política, raza y religión. Conociendo la estructura lógica, podemos evitar que tales discusiones se vuelvan innecesariamente argumentativas e improductivas.

Definir términos para alterar su significado

Muchas comunicaciones y discusiones se atascan porque los significados de las palabras clave en el argumento cambian, a veces de manera sutil y casi imperceptible, a medida que progresa el argumento. Esto es bastante común en las discusiones que giran en torno a conceptos como «paz» y «bien y mal», así como en discusiones sobre raza, religión, política y filosofía.

En tales discusiones, debes intentar definir las palabras. Al mismo tiempo, debemos darnos cuenta de algo acerca de la naturaleza básica de las palabras: en lugar de tener definiciones absolutas, cada palabra puede tener una gran variedad de significados. Cada persona tendrá diferentes asociaciones para cada palabra y, por lo tanto, es importante averiguar exactamente qué significados asociaron las otras personas en la discusión con sus palabras clave. Las personas a menudo se sorprenden al descubrir que, dentro de un grupo, son exclusivamente ellas quienes dieron a una palabra cierto significado que asumían como común.

Para aclarar este punto, pídele a un amigo que piense en las primeras seis palabras que asocie en su mente, palabras como «correr», «Dios», «feliz» y «amor», y luego compáralas con tu propia lista de las primeras seis palabras que vienen a tu mente. La disparidad será tanto sorprendente como esclarecedora. He hecho este ejercicio cientos de veces, y hasta ahora, no ha habido dos personas con asociaciones idénticas para una palabra determinada.

Si cada discusión comenzara con los participantes acordando las definiciones de la terminología clave, tendríamos mucha más comprensión y muchos menos conflictos en el mundo. Ponerse de acuerdo incluso en diferencias sutiles en los significados de las palabras y los sentimientos asociados con esas palabras puede ayudar a evitar que se interpreten como evasivas o argumentativas. Como resultado, esas mismas palabras se pueden usar de manera constructiva para aumentar la comprensión en lugar de causar confusión y discordia.

Argumentos que utilizan estadísticas sesgadas

Probablemente hayas escuchado la frase «los números no mienten». Si bien eso es cierto, las personas a menudo usan números para tergiversar la realidad (y los hechos) de una forma que resulte favorable para el punto que están defendiendo. Por ejemplo, dos periódicos, uno que favorece al gobierno y otro que se le opone, presentan información sobre el desempleo. El titular del primero decía: «El desempleo total se mantiene estable», y el primer párrafo del artículo decía:

> El desempleo se mantuvo prácticamente estático durante el último mes, cuando el número total de desempleados aumentó en 3 972 hasta alcanzar 601 874 el 9 de noviembre, lo que supone un porcentaje invariable de 2.6.

El otro periódico usó el titular: «El desempleo podría llegar a 700 000», y debajo de este encabezado, el párrafo principal empezaba de la siguiente manera:

> Poco a poco las cifras de desempleo vuelven a subir. Este mes, superaron los 600 000, lo que significa la peor cifra de noviembre en 30 años.

Las historias contradictorias incluso usaron diferentes gráficas para resaltar visualmente sus puntos (figura 3.3). Como puedes ver, la gráfica de la izquierda muestra muy pocos cambios en el desempleo, mientras que la gráfica de la derecha aparentemente muestra una diferencia dramática en el desempleo de octubre a noviembre.

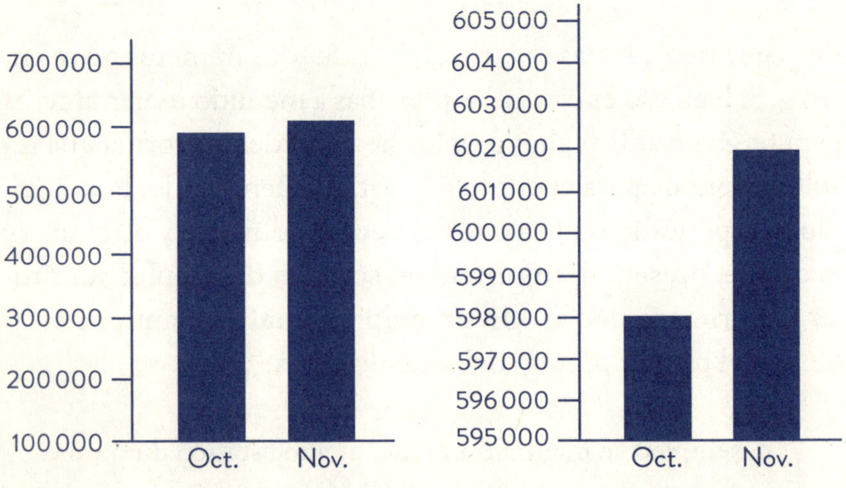

Figura 3.3. Las mismas estadísticas se pueden usar para contar historias muy diferentes.

Aparte de un gran número de deshonestidades lógicas (¿puedes identificarlas todas?), estos ejemplos ilustran el uso selectivo de las estadísticas para sesgar el punto de vista del lector.

En el primer artículo, el periódico quería dar la impresión de estabilidad. Probablemente se analizaron todas las cifras posibles hasta que se encontró una que mostrara muy poco cambio: el porcentaje.

El periódico que desfavorece al gobierno también encontró una estadística específica que hizo que el problema pareciera particularmente serio.

Este ejemplo ayuda a ilustrar algo sobre las estadísticas que va más allá de la frecuente afirmación de que «los números no mienten». Muestra que cuando sabes qué hay detrás de las estadísticas presentadas, tendrás un conocimiento bastante preciso de la situación y también sabrás qué sesgo tiene quien presenta las estadísticas.

Este enfoque hace a las estadísticas mucho más interesantes, ya que no solo presentan información numérica, sino que también aumentan el conocimiento del lector sobre los motivos detrás de la presentación del material.

Hay muchas maneras en que las cifras pueden seleccionarse y sesgarse deliberadamente, desde suposiciones simples y falsas sobre promedios hasta la manipulación más sofisticada de gráficas para hacer que las buenas situaciones parezcan malas y las malas parezcan mejores de lo que en realidad son. Si te interesa llegar a la «verdad detrás de los números», toma un curso básico de estadística o lee sobre estadística por tu cuenta. Tan pronto como tengas una comprensión fundamental de estadística, la búsqueda de falacias lógicas puede convertirse en un pasatiempo agradable y gratificante.

Reconocer otros tipos de falacias lógicas

A lo largo de la historia las personas han desarrollado muchas formas de manipular la verdad a favor de lo que creen (o quieren que otros crean). He cubierto tres hasta ahora. En la siguiente lista proporciono una descripción general de otros tipos de falacias lógicas:

- **La falacia de correlación/causalidad.** Cuando dos eventos ocurren cerca uno del otro, las personas a menudo asumen que un evento causó al otro, lo cual no es necesariamente cierto. Por ejemplo, Estados Unidos elige un nuevo presidente y, poco después, la inflación cae. El presidente argumenta que esto es una prueba de que sus políticas económicas son un éxito rotundo, incluso si sus políticas no estaban vigentes en ese momento.
- **La falacia del rebaño.** Según esta falacia, algo es cierto cuando la mayoría de la gente cree que lo es. Los políticos que toman sus decisiones basándose en encuestas populares son particularmente susceptibles a la falacia del rebaño. Como tal vez te aconsejaron tus padres cuando eras pequeño: «El hecho de que todos los demás lo hagan no lo hace correcto». Del mismo modo, que la mayoría de la gente crea algo no significa que sea verdad.
- **La falacia de la evidencia anecdótica.** La falacia de la evidencia anecdótica consiste en basar una conclusión en un conjunto de datos muy limitado. A menudo las personas que venden suplementos alimenticios la utilizan para afirmar la eficacia de sus productos cuando no tienen estudios a gran escala, doble ciego ni controlados con placebo para demostrarlo. Por ejemplo, durante la pandemia de COVID-19, las

personas buscaban con desesperación curas naturales y suplementos preventivos, y los médicos a menudo publicaban sobre el éxito clínico que tenían con los tratamientos que probaron en sus pacientes. Si bien la evidencia clínica tiene cierto peso, no equivale al peso de un estudio de laboratorio grande y bien estructurado.

- **La falacia del hombre de paja.** Esta táctica consiste en tergiversar la posición de un oponente y luego atacar esa posición en lugar de lo que el oponente realmente cree. Si estás al tanto del debate sobre inmigración, puedes encontrar muchos ejemplos de la falacia del hombre de paja. Los políticos de derecha acusan a los de izquierda de adoptar políticas de fronteras abiertas, mientras que los de izquierda suelen acusar a los políticos de derecha de ser antiinmigrantes. Acusar a un oponente de adoptar una postura radical sobre un tema hace que sea mucho más fácil argumentar en contra de la posición radical en lugar de la visión más matizada que pueda tener la persona.
- **La falacia del falso dilema.** La falacia del falso dilema presenta a la audiencia solo dos opciones (la verdad debe ser A o B), luego ataca una de las opciones, y deja a la otra opción como la única alternativa posible (a través del proceso de eliminación). Sin embargo, el argumento no reconoce otras posibilidades. Siguiendo con el debate sobre la inmigración, un falso dilema sería argumentar que se debe apoyar la construcción de un muro o una política de fronteras abiertas, cuando, en realidad, alguien puede estar en contra de la construcción de un muro, pero a la vez quiere que las leyes de inmigración se apliquen de otras maneras.
- **La falacia de la apelación a la autoridad.** Esta falacia consiste en suponer que algo es cierto simplemente porque un

experto o una autoridad en el tema afirma que es cierto. Por ejemplo, si siete de cada 10 dentistas recomiendan la pasta de dientes A por encima de la pasta de dientes B, eso no significa necesariamente que la pasta de dientes A sea mejor para prevenir las caries. Se necesitaría evidencia empírica, como la de un estudio a gran escala, doble ciego y controlado con placebo para probarlo.

- **La falacia de la inducción perezosa.** La inducción perezosa ocurre cuando un argumento ignora la evidencia que contradice su conclusión. Por ejemplo, una gran cantidad de evidencia científica respalda la teoría de que el calentamiento global es causado por actividades humanas, como la quema de combustibles fósiles, pero algunos que se niegan a aceptar esa afirmación se centrarán en la escasa evidencia que lo cuestiona.
- **Falsa analogía.** Una falsa analogía es una comparación entre dos cosas que no son similares. Por ejemplo, a algunas personas les gusta argumentar en contra de la teoría de la evolución diciendo algo como: «La probabilidad de que la vida se origine a partir de un accidente es comparable a la probabilidad de que el diccionario íntegro resulte de una explosión en una imprenta». Aunque la teoría de la evolución todavía está abierta al debate, la evolución, un proceso biológico, no se parece en nada a una imprenta.

Reconocer tu propio sesgo

Además de estar atentos a la desinformación y la lógica defectuosa, debemos ser conscientes de nuestros propios sesgos, que pueden distorsionar nuestro pensamiento e influir en nuestras creencias y decisiones. Estas son algunas formas más comunes de sesgo cognitivo:

- **El sesgo de confirmación** es la tendencia a dar más peso a la evidencia que respalda lo que creemos que es cierto.
- **El sesgo retrospectivo** es la tendencia a creer que sabíamos desde el principio cuál sería el resultado de un evento.
- **El sesgo de anclaje** implica estar más influenciado por la primera información presentada o nuestra primera impresión que por la evidencia que le sigue.
- **El sesgo de egoísmo** implica atribuirse el mérito de algo cuando sale bien y culpar a los demás cuando sale mal.
- **El sesgo de optimismo** es la tendencia a sobreestimar la probabilidad de que existan resultados positivos cuando tenemos una mentalidad positiva.
- **El sesgo de pesimismo** es la tendencia a sobreestimar la probabilidad de que existan resultados negativos cuando tenemos una mentalidad negativa.
- **El sesgo del costo irrecuperable** es la tendencia a creer que nuestras inversiones producirán un rendimiento positivo, lo que a menudo lleva a continuar invirtiendo tiempo, dinero o esfuerzo en algo que es una causa perdida.
- **El efecto Dunning-Kruger** es la incapacidad de reconocer la propia incompetencia o falta de habilidad en un área determinada
- **El falso consenso** consiste en sobreestimar qué tanto están de acuerdo otras personas con nuestra posición o qué tanto aprueban nuestro comportamiento.

Hacer juicios y decisiones lógicas

Antes de aceptar la lógica de cualquier argumento, examina los siguientes factores:

- Tus propias emociones o prejuicios a favor o en contra de una posición o de la persona que presenta el argumento.
- La credibilidad del presentador o si el presentador es una autoridad en el tema.
- La credibilidad de la fuente que proporcionó la evidencia en la que se basa el argumento.
- El tren de pensamiento (lógica) que se utiliza para pasar de la evidencia a la conclusión.
- Si el presentador tiene un sesgo o una agenda para promover o está involucrado emocionalmente en el tema. Por ejemplo, ¿está leyendo un informe de noticias o una columna de opinión? Uno está diseñado para convencerte de un punto de vista, mientras que el otro se supone que es objetivo. Desafortunadamente, muchas veces, incluso las noticias que se presentan como objetivas son increíblemente sesgadas, bordeando o incluso cruzando la línea de la propaganda. He visto revistas científicas prestigiosas usar términos emocionales, como «sofisticado» y «elegante» para describir los experimentos que apoyaron y términos como «casual» o «descuidado» para describir el trabajo con el que no están de acuerdo. Es fundamental discriminar entre lo lógico y lo emocional, y examinar la veracidad de la evidencia y su fuente.

Mantener la emoción fuera de las interacciones cara a cara puede ser particularmente difícil. Por ejemplo, si tu trabajo implica negociar, es posible que las partes involucradas, incluido tú, se frustren y se enojen, e incluso recurran al enojo como herramienta de negociación, para intimidar a las otras partes y que acepten términos que de otro modo rechazarían. Una forma de responder a la ira es con ira, combatir el fuego con fuego, pero cuando llegas a ese nivel, es posible que no te guste el resultado, o que, algún tiempo después, te arrepientas de haberte dejado rebajar al nivel de la otra persona.

Uno de mis alumnos relató un incidente en el que estaba en una discusión intensa con un cliente que comenzó a gritarle. «¡Eres un tonto!», gritó el cliente. «¡Esa es la cosa más estúpida que he escuchado! ¡No sé por qué pierdo el tiempo hablando contigo!». Mi estudiante respondió con una sonrisa de disculpa, le dijo a su cliente que lamentaba haberle dado esa impresión y pidió una oportunidad para corregirlo.

Algunas personas dirían que mi alumno, un hombre de negocios inteligente, se echó para atrás, pero él no lo vio así. «Eso no es echarse para atrás», explicó mi estudiante. «Eso es desconectarse, calmar la situación, para que mi cliente pueda tomar una decisión comercial más racional. Si le hubiera gritado, no habría logrado nada. En cambio, se calmó, murmuró una disculpa por gritar y terminamos nuestro negocio. No hay que permitir que las emociones se interpongan en la forma de hacer negocios; lo mejor es aprovecharlas y usar la energía que brindan a nuestro favor».

Si bien la emoción (lo opuesto al pensamiento racional) puede socavar la toma de decisiones productivas, a veces tratar de ser demasiado lógico también obstaculiza el progreso. Probablemente hayas escuchado la expresión «análisis hasta la parálisis». Esa frase se refiere al error frecuente de *sobreanalizar* una situación hasta el punto de la inacción o la indecisión.

Puedes perder horas e incluso días dándole vueltas a una decisión y terminar por no tomarla.

Esto les sucede a los estudiantes que sufren con los exámenes, y también a los empresarios que pasan horas tratando de averiguar por dónde empezar. A menudo, el error que comete la gente es pensar en sus elecciones en términos de «una cosa o la otra»; o cuando hay una tercera opción disponible, la de no hacer nada, echarse para atrás, vacilar, no decidir.

Esa tercera opción no es realmente viable. Estás frente a una situación que requiere acción y debes hacer algo, por lo que la inacción no es una opción viable. Sin embargo, al darte cuenta de que tienes esa tercera opción y de que no es viable, puedes obligarte a tomar una decisión. Es posible que tengas dos opciones que están tan cerca que en realidad no parece importar cuál elijas, así que solo elige una y sigue adelante.

Algunas personas resuelven el dilema lanzando una moneda al aire, lo que puede parecer un enfoque aleatorio y fortuito, pero en realidad puede ser una solución muy creativa. Lo interesante es que después de reexaminar el resultado del lanzamiento de la moneda, se dan cuenta de que no quieren hacerlo, lo que les ayuda a elegir la alternativa. Tirar una moneda al aire como parte del proceso de toma de decisiones puede parecer una tontería, pero en realidad es un acto bastante profundo. Al desarrollar tu capacidad de mirar las cosas de reojo, con una nueva perspectiva, tienes la oportunidad de encontrar nuevos métodos para hacer negocios, nuevos métodos para tener relaciones, nuevos métodos para disfrutar por completo de tu vida.

Todos somos mucho más creativos de lo que creemos.

Infundir pensamiento lógico con creatividad

¿Alguna vez has jugado con un clip? La mayoría de la gente lo ha hecho, doblándolo en diferentes formas. Un clip está diseñado para una función específica: mantener los papeles juntos, pero la gente ha ideado todo tipo de usos inteligentes para ellos. Para involucrar más a tu cerebro izquierdo en la lógica de la resolución de problemas, que suele ser una actividad del cerebro derecho, idea tus propios usos inteligentes para un clip:

- ______________________________
- ______________________________
- ______________________________
- ______________________________
- ______________________________
- ______________________________
- ______________________________

Aquí hay algunos usos inteligentes que otros sugirieron:

- Lengüeta de repuesto para un cierre
- Perno de reemplazo temporal para la bisagra de un par de lentes
- Llave para abrir puertas interiores
- Anzuelo de pesca

- Separador de un libro
- Limpiador de uñas
- Clip de corbata

No está mal para un objeto tan simple, ¿verdad? Este programa se trata de desafiarse y esforzase, y de usar tu cerebro de maneras que quizá nunca has imaginado. Si te permites crecer, administrarás la información y te administrarás, con una nueva y emocionante competencia y perspectiva. A medida que continuemos con este programa, nos referiremos a muchos de estos conceptos de vez en cuando para ayudar a fortalecerlos y reforzarlos. Solo date la oportunidad de aprender.

Actividades para la superación personal continua

Para mantener tu mente analíticamente aguda, participa con frecuencia en una o más de las siguientes actividades:

1. Crea un álbum de recortes de ejemplos divertidos o destacados de artículos y noticias que ilustren las diversas formas de falacia lógica.
2. En las conversaciones personales y grupales, «prepárate» para permanecer continuamente atento a las fallas en los argumentos. Esto no significa necesariamente detener a alguien al final de cada oración para señalar sus errores; solo permanece alerta, escucha con más atención y examina con mayor detenimiento el razonamiento detrás de las conclusiones que saca la gente.
3. De vez en cuando, o de manera continua, examina tus propios métodos de presentación y comunicación. A menudo

encontrarás la información más útil sobre tus propias debilidades lógicas durante los momentos de ira extrema (cuando estás siendo irracional).

4. Si tienes amigos o conocidos que están particularmente interesados en mejorar sus habilidades lógicas y analíticas, hagan un pacto para darse retroalimentación entre sí cada vez que ocurran errores. Esto te mantendrá alerta como presentador de información y como analista de cualquier información que se te muestre.
5. Una vez que se les enseñan las falacias lógicas a los niños pequeños, a menudo son extremadamente rápidos para identificarlas. Puedes organizar juegos muy divertidos, llevando la puntuación, si así lo deseas, con noticieros de televisión y radio, y con periódicos. Cada miembro de la familia obtiene puntos cuando es el primero en reconocer las falacias lógicas en la información que todos están absorbiendo.
6. Compra periódicos y revistas que desafíen tus propios puntos de vista y compáralos con los periódicos y revistas que compras normalmente. Casi todas las publicaciones tienen un sesgo editorial, así que, al comparar dos publicaciones con sesgos opuestos, puedes identificar el de cada una con mayor facilidad. Puedes realizar este mismo ejercicio sintonizando cualquier fuente de medios que tenga una inclinación opuesta, como CNN y FOX News.

Al participar en estas actividades te volverás más confiado, relajado y comunicativo con las palabras, y serás más capaz de lidiar con el constante aluvión de comentarios de los políticos y los diversos medios de comunicación.

CAPÍTULO 4

EL CUIDADO Y LA ALIMENTACIÓN DE TU CEREBRO

Para todos los aspectos de la memoria, mantente físicamente en forma. Mente sana, cuerpo sano; cuerpo sano, mente sana. Tu memoria necesita oxígeno como combustible, entonces, ¿por qué no alimentarla con frecuencia?

TONY BUZAN

El cerebro es quizá el órgano más descuidado del cuerpo humano. Lo educamos, lo entrenamos para realizar tareas específicas y lo entretenemos, pero la mayoría de nosotros no presta mucha atención a la nutrición del cerebro, y con frecuencia no le brindamos el descanso y la relajación que necesita para una salud y funcionamiento óptimos. Como resultado, su rendimiento se ve afectado tanto en la memoria como en la cognición: nuestro cerebro no funciona de la manera más efectiva y eficiente, y no logra alcanzar su máximo potencial.

Deja de descuidar a tu cerebro. En este capítulo te brindo la guía que necesitas para cuidarlo mejor. Aquí descubrirás los cuatro alimentos esenciales para prosperar, el valor de los pasatiempos, la naturaleza de tu memoria, cómo administrar la información en tu memoria de forma más efectiva y cómo organizar tu vida en partes para evitar la sobrecarga.

Pero primero, justo antes de que te sumerjas en este capítulo, recuerda tu increíble potencial humano. Puedes hacer lo que te propongas, y ni siquiera requiere mucho esfuerzo consciente. Por ejemplo, cuando eras niño, realizaste una de las tareas más asombrosamente difíciles que se puedan imaginar: dominaste un idioma. Dominar un idioma significa que tienes una comprensión inherente del ritmo, las matemáticas, la música, la física, la lingüística, las relaciones espaciales, la memoria, la creatividad, el razonamiento lógico y el pensamiento: una integración total de las habilidades corticales derecha e izquierda. Y aprendiste tu primer idioma casi sin esfuerzo, simplemente escuchándolo y mediante la práctica regular (ensayo y error) durante unos años. ¡Si puedes hacer eso, puedes hacer cualquier cosa!

Comida para el cerebro

A menudo hablo del cerebro como si fuera una entidad separada del cuerpo, pero también es una parte de él. No es tan solo una calculadora sofisticada. Es un órgano biológico que requiere cuidados y alimentación adecuados. Para apoyar tu salud y funcionamiento óptimos, el cerebro necesita los siguientes cinco ingredientes esenciales:

- Nutrición
- Oxígeno
- Información
- Amor y afecto
- Sueño

Nutrición

Tu cerebro, como el resto de tu cuerpo, depende de los nutrientes de los alimentos como combustible, y para un crecimiento y desarrollo adecuados. La mala nutrición puede afectar tanto la salud como la funcionalidad, lo que lleva no solo a un rendimiento cognitivo deficiente, sino también a irregularidades en el estado de ánimo, así como a trastornos mentales y conductuales. Para apoyar la salud y el funcionamiento del cerebro, consume una dieta equilibrada que consista en los siguientes alimentos y líquidos:

- Las verduras, en especial las de hojas verdes como la espinaca, la col rizada y la col silvestre, son ricas en nutrientes saludables para el cerebro como la vitamina K, la luteína, el ácido fólico y el betacaroteno.
- Las grasas saludables incluyen las del pescado de agua fría (salmón, atún, caballa, arenque, trucha, sardinas), aceite de oliva orgánico, aguacate, nueces y suplementos de omega-3 de alta calidad. El cerebro humano tiene casi un 60% de grasa, y los ácidos grasos omega-3 son los principales componentes del cerebro.
- El cuerpo utiliza proteínas saludables para producir enzimas, hormonas y otras sustancias químicas que afectan la función cerebral y para construir y reparar tejidos. Las fuentes más saludables de proteínas son la carne, el pescado, el huevo, la soya, las legumbres, los frutos secos y las semillas orgánicos. El problema con la mayoría de las fuentes de proteínas no orgánicas son las hormonas (especialmente en la carne) y los pesticidas que suelen contener.
- Las bayas contienen flavonoides, que pueden ayudar a mejorar la memoria.
- El té verde parece activar partes del cerebro vinculadas a la memoria de trabajo.
- La cúrcuma y su compuesto activo curcumina tienen fuertes propiedades antiinflamatorias y antioxidantes. Se ha demos-

trado que la curcumina aumenta los niveles del factor neurotrófico derivado del cerebro (BDNF, por sus siglas en inglés), que es como una hormona de crecimiento para el cerebro. La cúrcuma ha sido relacionada con mejoras en la memoria, el enfoque, la motivación, el estado de ánimo y el sueño, y puede ayudar a aliviar la depresión y la ansiedad.

- El chocolate amargo contiene flavonoides y antioxidantes, que apoyan la salud del cerebro, junto con la cafeína, que se sabe que actúa como un estimulante cerebral.
- El agua es esencial para cada célula de tu cuerpo y casi todas las funciones fisiológicas, como la circulación y la desintoxicación. La deshidratación puede afectar el rendimiento cognitivo y la memoria, deprimir el estado de ánimo y causar cambios estructurales en el cerebro que se muestran en las imágenes de resonancia magnética funcional (IRMF). Con el tiempo, los volúmenes insuficientes de líquido cefalorraquídeo y sangre pueden aumentar el riesgo de contraer la enfermedad de Alzheimer y la demencia vascular.

Además de apoyar a tu cerebro con una nutrición saludable, asegúrate de evitar alimentos y sustancias que sean potencialmente dañinos, en especial los siguientes:

- Azúcar y dulces, incluidas las bebidas dulces y sus equivalentes dietéticos (en especial los que contienen aspartamo): un estudio relacionó las bebidas dietéticas con tres veces más accidentes cerebrovasculares y el triple de probabilidades de desarrollar demencia
- Carbohidratos refinados, como los de la harina blanca
- Grasas trans, como las que se encuentran en productos horneados comerciales, bocadillos, margarina, alimentos fritos

y aceites vegetales hidrogenados o parcialmente hidrogenados

- Fumar o vapear: cualquier cosa que no sea aire fresco y sin contaminación someterá el cerebro a toxinas
- Alcohol en exceso, de algunas bebidas algunos días a la semana
- Marihuana/cannabis
- Pescado con alto contenido de mercurio, como el atún: el mercurio tiende a concentrarse en los pescados que se encuentran más arriba en la cadena alimentaria, así que por lo general es mejor comer pescados más pequeños, como las sardinas, en lugar de pescados más grandes, como el atún y el pez espada.

Oxígeno

Aunque un cerebro humano desarrollado ocupa entre el 1 y el 3% del peso corporal total, requiere alrededor del 20% de su ingesta de oxígeno. De 3 a 6 min sin oxígeno son suficientes para causar daño cerebral, pero cualquier restricción de oxígeno al cerebro puede afectar su salud y funcionamiento.

Muchas cosas que das por sentado son en realidad cálculos muy complejos. Miles de millones de células cerebrales se someten con frecuencia a cambios electroquímicos asombrosamente complejos para procesar la información que siempre estás recibiendo y organizando. Se ha estimado, por ejemplo, que toda la red de los sistemas telefónicos del mundo, si se compara con tu cerebro, ocuparía una parte que sería el equivalente a un chícharo.

Tu cerebro necesita oxígeno para obtener energía, y la mejor manera de proporcionarlo es tener buena condición física. Para asegurarte de que tu cerebro esté correctamente oxigenado, mejora tu respiración y circulación sanguínea a través del ejercicio: una combinación de ejercicio aeróbico (andar en bicicleta, caminar, trotar, remar, saltar la cuerda) y entrenamiento de fuerza (levantar pesas o hacer ejercicios de resistencia, como flexiones, abdominales y dominadas). Todo lo que te dijo tu profesor de educación física era verdad. Si puedes hacer que tu corazón bombee alrededor de 120 o más latidos por minuto durante 20 o 30 min, al menos tres veces por semana, desarrollarás y mantendrás el sistema cardiovascular que tu cuerpo necesita para una oxigenación saludable.

También puedes hacer esquí de fondo, bailar música disco o cualquier tipo de baile extenuante, caminatas o escaladas intensas, o hacer el amor de forma activa y prolongada. Amar y hacer el amor involucra todos los sentidos, brinda una maravillosa tonificación y ejercicio para el cuerpo y le da al cerebro uno de sus cuatro alimentos importantes.

Si haces un esfuerzo consciente para mejorar tu acondicionamiento aeróbico darás un gran paso en tu desarrollo personal. Verá aumentos en la inteligencia y la creatividad, reducción del estrés y aumentos en la resistencia. Es casi redundante decirlo, pero lo haré: un programa de acondicionamiento físico es de vital importancia para tu bienestar general y para tu esperanza de vida.

Recuerda la frase latina «*mens sana in corpore sano*», que significa «mente sana, cuerpo sano».

Información

Así como tu cuerpo pierde tonificación sin ejercicio, tu cerebro pierde tonificación con información, actividad intelectual y desafíos. El hecho de que estés leyendo este libro y trabajando con los ejercicios demuestra que reconoces la importancia de mantener tu cerebro activo. De hecho, cuanto más lo uses, mejor se vuelve. Úsalo o piérdelo.

La antigua suposición era que el cerebro decaía automáticamente con la edad, sin importar lo que hicieras. Se pensaba que alcanzaba su punto máximo en algún momento entre los 18 y los 24 años, y que luego comenzaba un deterioro constante y lento, y en otros casos rápido.

También se pensaba que la capacidad de retener y recordar información y realizar actividades numéricas, desarrollar vocabulario y ser creativo disminuía con la edad. El profesor Mark Rosenzweig y muchos otros han puesto fin a esa vieja y terrible teoría. No es verdad. Rosenzweig y otros, incluyéndome, demostramos de manera concluyente que, si se estimula el cerebro, sin importar la edad, continuará desarrollando nuevas redes neuronales. En otras palabras, se volverá biológicamente más complejo y sofisticado a medida que envejece.

Mucha información no científica también respalda la afirmación de que el cerebro en realidad mejora con la edad. Miguel Ángel todavía estaba creando gran arte y escribiendo cuando tenía 80 años; Haydn escribió gran parte de su música más hermosa hacia el final de su vida; Picasso seguía creando arte bien entrado en los 90.

Uno de los modos de adquisición de información que es muy importante para el desarrollo del cerebro izquierdo es la construcción de vocabulario. Se ha demostrado que los vocabularios bien desarrollados se correlacionan con el éxito comercial, económico, intelectual, social y personal.

¿Por qué hay una correlación tan alta? Piénsalo: un vocabulario altamente desarrollado amplía tu capacidad para conceptualizar, analizar, secuenciar, razonar, pensar, definir, refinar y comunicarte en todos los niveles. Todas estas habilidades altamente deseables y comercializables son parte de tu kit de alfabetización mental.

Pero el lenguaje no está completamente relegado al lado izquierdo del cerebro. A medida que continúes desarrollando vocabulario, comenzarás a conectarte con tus habilidades corticales derechas. Las palabras no solo se aplicarán a la lógica, sino que se vincularán con tus imágenes mentales, imaginación y creatividad. ¿Te das cuenta de que, si te comprometes a aprender solo dos palabras nuevas al día, enriquecerías tu vocabulario con 730 palabras nuevas al año?

Si bien puedes invertir dinero en los diversos cursos de vocabulario disponibles, también puedes hacerlo de forma gratuita. Cuando escuches una palabra nueva, escríbela, búscala en el diccionario, utilízala con la mayor frecuencia posible, diez veces al día, y será tuya de por vida. Y a medida que amplíes tu vocabulario, aumentarás significativamente tu capacidad para comunicarte, expresarte, definir tus pensamientos, explorar, definir y desarrollar tus sentimientos y lograr tus objetivos. A tu cerebro le encanta recibir información, así que, bríndasela.

Amor y afecto

Todo el mundo necesita sentirse amado y apreciado. Cuando falta el amor, el cerebro sufre depresión y desesperación. Carece de la motivación para sobrevivir. Piensa en el terrible dolor o desesperación que experimentaste por la pérdida de un ser querido. Incluyo este recordatorio en mis seminarios porque el cerebro, no el corazón, es el centro de nuestras emociones. Y cuando el cerebro está satisfecho en el área del amor, descubrirás que la mayoría de los elementos del autocontrol encaja sin tanto esfuerzo.

El amor y el afecto surgen naturalmente al comienzo de una relación afectuosa. Sin embargo, con el tiempo las relaciones pueden volverse tensas en medio de los muchos factores estresantes de la vida. Mi teoría es que la fuente de gran parte del estrés en casi cualquier relación cercana proviene del tiempo y el espacio insuficientes para procesar la información y hacer la transición de la actividad del cerebro derecho al cerebro izquierdo, y viceversa. La frustración resultante a menudo conduce a la ira, y esta produce desacuerdos, amargura y resentimiento. Si la situación no se resuelve, la relación se encamina a una ruptura casi segura.

Permíteme usar una situación estereotipada para ilustrar este punto, y esta es a nivel personal. En esta situación tenemos a un esposo que estuvo trabajando en una oficina todo el día, utilizando las habilidades de lectura, escritura, análisis, pensamiento, procesamiento de números, etc., del cerebro izquierdo y de la corteza izquierda de manera predominante. Llega a casa exhausto, casi desplomándose en la entrada, y es recibido por su esposa.

En esta situación estereotipada, la esposa es el ama de casa que estuvo trabajando todo el día. Ella, por otro lado, utilizó en gran medida sus habilidades corticales derechas. Se involucró con el color y el ritmo, cocinando y limpiando, escuchando la radio mientras realizaba sus tareas, comprando, cuidando a sus hijos. Ahora, estoy seguro de que puedes predecir lo que sucederá; probablemente has experimentado algo similar.

Lo único que el esposo quiere es descansar, tal vez tomar una copa, acomodarse en su sillón favorito y darle un descanso a ese cansado cerebro izquierdo. Quiere dejar que su mente divague. Ella, por otro lado, no tuvo mucha estimulación en el lado izquierdo del cerebro durante el día, y no ve la hora de platicar, intercambiar ideas y darle un respiro a su lado derecho.

Y allí se encuentran en el umbral, el choque de los titanes corticales izquierdo y derecho. Ella quiere hablar; él quiere sentarse en el sillón reclinable. Ella aplica presión para entablar una conversación con él; él está molesto y piensa que ella es fastidiosa porque no puede cerrar la boca ni un minuto; y ella está furiosa por su falta de consideración, su estado mental colapsado, su falta de aprecio y su renuencia a entablar una conversación.

Al comprender cómo funcionan realmente los dos cerebros y lo que en verdad necesitan, puedes eliminar esta situación explosiva con tan solo comprender lo que llamo la «zona de amortiguamiento».

¿Qué es la zona de amortiguamiento?

La zona de amortiguamiento es el tiempo y el espacio entre el encuentro físico de dos partes y el comienzo de su compromiso mental, es decir, cuando dos partes se dan un respiro para permitir que su cerebro se asiente y se equilibre más. Piensa en ello en términos de lo que hacen los buzos para igualar su presión cuando nadan hacia la superficie después de una inmersión profunda: ascienden lentamente, por lo general a no más de nueve metros por minuto y luego se detienen a unos cinco metros de la superficie para buscar barcos. El ascenso lento permite que el exceso de nitrógeno que se acumula en el cuerpo durante la inmersión salga del cuerpo de forma segura. Si no se elimina el exceso de nitrógeno del cuerpo antes de salir a la superficie, se puede producir una condición muy dolorosa y potencialmente mortal llamada «síndrome de descompresión».

De manera similar, sin construir rutinariamente una zona de amortiguamiento en las interacciones de la relación, esas interacciones pueden volverse muy dolorosas y, en última instancia, llevar al final de la relación. La zona de amortiguamiento les da a ambas partes la oportunidad de relajarse. Darse el tiempo y la distancia para relajarse es en realidad una parte muy importante del amor.

La zona de amortiguamiento en un entorno empresarial

La zona de amortiguamiento se puede modificar para que funcione en varios entornos, incluido el comercial. Por ejemplo, en mi propia organización, notamos que a nuestras secretarias les resultaba imposible completar su trabajo diario, lo cual empezaba a molestar a todos, pero no era su culpa, ya que constantemente eran interrumpidas por el teléfono y por personas dentro de la organización que las necesitaban para realizar actividades no planificadas.

Las secretarias estaban frustradas, mientras que sus gerentes se impacientaban cada vez más. Como puedes imaginar, la comunicación entre los grupos no solo se estaba rompiendo, sino que la situación se estaba poniendo tensa. Al igual que en una relación personal, esta situación no era sostenible.

Nuestra solución fue sentarnos en equipo y analizar las horas diarias dedicadas a varias tareas. Descubrimos que, en promedio, las secretarias dedicaban 2 h cada día a interrupciones no planificadas. Ahora bien, estas interrupciones no eran frívolas o inútiles; en realidad, eran muy importantes, pero no eran planeadas. Entonces, decidimos que necesitábamos planificar estas interrupciones tan necesarias. Reestructuramos los días de las secretarias con zonas de amortiguamiento de 2 h incorporadas, por lo que ahora, cada llamada telefónica o solicitud «inesperada» estaba incorporada a su día y, por lo tanto, ya no era inesperada. Las interrupciones se redujeron en gran medida, por lo que ya no eran una fuente de frustración.

El resultado fue una increíble mejora en las relaciones personales y eso, por supuesto, se tradujo en una enorme mejora en la productividad y muchas otras ventajas. Realmente fue una transformación increíble para nuestra organización.

Sueño

En las discusiones sobre el cuidado y la alimentación del cerebro, el sueño a menudo se pasa por alto, pero es uno de los elementos esenciales para la salud y el funcionamiento óptimos del cerebro. Si bien, según los informes, una minoría de la población puede prosperar con 6 h de sueño por noche o menos, la mayoría de nosotros necesita 7 u 8 h de sueño de calidad. Por calidad me refiero a sueño reparador; si te despiertas varias veces por la noche o te levantas por la mañana sin sentir que descansaste por completo, no estás durmiendo lo suficiente o tu sueño se ve interrumpido.

El sueño juega un papel importante tanto en la salud como en el funcionamiento del cerebro. Puede que no te des cuenta, pero tu cerebro sigue funcionando durante el sueño y realiza importantes operaciones de mantenimiento, entre las que se encuentran las siguientes:

- **Desintoxicación.** Tu cerebro tiene su propio sistema de eliminación y reciclaje de desechos llamado «sistema glinfático», que elimina desechos químicos, algunos pueden ser tóxicos, y recicla otros químicos para su reutilización. La placa amiloide, asociada con la enfermedad de Alzheimer, es una de las proteínas clave que se recicla durante el sueño. Si no estás durmiendo lo suficiente, las sustancias químicas tóxicas pueden comenzar a acumularse en tu cerebro, afectando negativamente la memoria, la cognición y el estado de ánimo.

- **Reparación.** Mientras duermes, tu cerebro repara cualquier daño que hayas sufrido durante el transcurso del día. Según un estudio en animales realizado en la Universidad de Pensilvania, la vigilia prolongada puede dañar las neuronas responsables del estado de alerta y la cognición. Otro estudio relacionó el sueño más corto con la reducción del volumen cerebral, aunque los investigadores no pudieron constatar si el sueño más corto causa la reducción del volumen cerebral o si el volumen cerebral más pequeño afecta el sueño normal.
- **Procesamiento.** Todos los datos y la estimulación que recibe tu cerebro durante el día se procesan por la noche para que pueda catalogarlos y darles sentido. Piensa en el procesamiento nocturno de tu cerebro como una enorme operación de clasificación y etiquetado, durante la cual tu biblioteca interna se organiza para una recuperación de datos rápida y sencilla. Sabemos que el sueño es esencial para organizar y almacenar datos porque las personas que solo duermen de 4 a 5 h por noche suelen tener malos resultados en las pruebas de memoria.
- **Creación de recuerdos.** Tu cerebro tiene una capacidad increíble para producir sueños vívidos mientras duermes, más vívidos que la realidad a la que te despiertas. Estos sueños son producto del intento del cerebro por dar sentido a toda la estimulación que recibió durante el día, y por solucionar problemas y resolver conflictos internos. La investigación sugiere que los sueños pueden estar conectados con una sustancia química del cerebro llamada «acetilcolina», que se libera durante el sueño. En las personas con la enfermedad de Alzheimer, las células cerebrales que producen acetilcolina se destruyen, lo que afecta su capacidad para soñar.

La falta de sueño (en cuanto a cantidad y calidad) está relacionada con un mayor riesgo de accidente cerebrovascular, envejecimiento cognitivo, demencia, enfermedad de Parkinson y enfermedad de Alzheimer.

Aquí hay algunas sugerencias para mejorar la calidad y cantidad de tu sueño:

- Establece una rutina de sueño para asegurarte de dormir de 7 a 8 h por noche. En otras palabras, ten una hora fija para acostarte.
- Duerme en una habitación totalmente oscura e insonorizada, o lo más oscura y silenciosa posible.
- Evita las pantallas (televisión, computadora, celular) al menos una hora antes de acostarte.
- Evita la cafeína, el alcohol, la nicotina y otras sustancias químicas que interrumpen el sueño.
- Cambia tu rutina de ejercicios a un horario más temprano en el día; no hagas ejercicio justo antes de acostarte.
- Bebe suficiente agua antes de acostarte para que no te despiertes con sed, pero no tanta como para tener que despertarte a la mitad de la noche para ir al baño.
- Evita comer demasiado antes de acostarte y evita comer alimentos que probablemente interrumpan tu sueño, como pizza o nachos.

Pasatiempos de tus sueños

Los pasatiempos de tus sueños son esas actividades placenteras, a menudo educativas, que siempre has querido realizar y no has podido, quizá debido a la percepción de falta de tiempo, energía o habilidad: pasatiempos como pintar, tocar un instrumento musical, aprender otro idioma, volar en parapente, bucear, jugar ajedrez, bordar, soldar, reparar motores pequeños... lo que sea que despierte tu pasión.

El simple hecho de que sueñes con estas cosas es prueba de que tu cerebro puede funcionar en esas áreas. Tu cerebro está diciendo: «Quiero, necesito esta actividad». Entonces, mi consejo para ti es este: si sueñas con ser pintor, escultor, actor de teatro, recorrer el mundo o lo que sea, con toda probabilidad eres capaz de hacerlo y hacerlo bien, sin importar lo que te hayan dicho a lo largo de los años, y sin importar lo que te hayas dicho a ti mismo. Así que pon manos a la obra y comienza con ese pasatiempo de tus sueños ahora.

Ten en cuenta que la mayoría de los pasatiempos de tus sueños es una actividad del cerebro derecho. Al parecer, esto se debe a que gran parte de nosotros domina el lado izquierdo del cerebro y simplemente no nos damos el tiempo suficiente para desarrollarnos en áreas artísticas más creativas. Sin embargo, a medida que tu cerebro se desarrolla, comienzas a involucrar ambos lados para gran parte de las actividades. Por ejemplo, los deportes pueden estar orientados principalmente al lado derecho del cerebro, pero hay mucho más involucrado. Piensa en lo que hace un jugador de beisbol cuando se enfrenta a un lanzador: calcular la velocidad y la trayectoria de la pelota, la posición de los jugadores defensivos, la dirección y velocidad para girar el bate y muchos otros cálculos. Esa es una actividad del cerebro izquierdo realmente compleja. Y cuanto más hábil te vuelves, más utilizas elementos de ambos lados de tu cerebro. Hay un equilibrio involucrado que proviene de hacer algo bien.

Haz una lista de los cinco pasatiempos de tus sueños:

- ______________________________
- ______________________________
- ______________________________
- ______________________________
- ______________________________

Ahora, elige un pasatiempo soñado de la lista y comprométete a dedicarle no menos de una hora a la semana. Si te quejas de que simplemente no tienes tiempo, es aún más importante que te tomes el tiempo para hacerlo; es necesario administrarse lo bastante bien como para encontrarlo. Y si crees que eres demasiado viejo, eso es una tontería. Nunca se es demasiado viejo para empezar a tomar lecciones de piano o para aprender a volar en parapente, bucear o saltar en paracaídas. Conozco a personas de 75 años que nunca tocaron un instrumento musical y ahora tocan de todo, desde Bach hasta pop. Si afirmas que puedes, lo harás, en especial si tienes la fórmula correcta. Y cuando lo hagas, cambiará tu vida.

Un repaso del ciclo de descanso-actividad

Volvamos a un tema que mencioné en el capítulo 1: el ciclo de descanso-actividad. Si estuvieras estudiando para algún evento importante (un examen, un informe, una presentación o lo que sea) y después de 40 min empezaras a tener problemas para entender el contenido, ¿qué harías? Probablemente te levantarías, caminarías o tal vez tomarías una bebida. Harías algo para relajarte y despejar tu cabeza antes de reanudar tu trabajo.

Sin embargo, si estuvieras inmerso por completo en el material, quizá no te detendrías a relajarte. Tal vez seguirías adelante e irías tan lejos como pudieras. Cuando estás en una racha, no paras, ¿verdad? Bueno, en realidad deberías hacerlo y te diré por qué: no hay duda de que tu cerebro puede continuar procesando la información que está recibiendo, pero su capacidad para recordar la información es la que puede verse afectada.

¿Alguna vez leíste algo, lo entendiste a la perfección y de pronto lo olvidaste? Tal vez te preparaste para un examen, lo aprobaste y, días después, no podías recordar mucho de lo que habías «aprendido». Tu memoria a corto plazo te ayudó a pasar la prueba, pero esa información nunca llegó a tu memoria a largo plazo.

Si deseas maximizar tu aprendizaje y ser capaz de recordar información, debes trabajar dentro de los límites del ciclo de descanso-actividad. Dependiendo de tu propia capacidad, eso significa trabajar en periodos de 20 a 40 min para captar información y retenerla. Cuando le das a tu cerebro descansos programados, le permites asimilar la información y prepararse para el aprendizaje que vendrá. También es importante tomarse un tiempo libre, no solo entre la lectura de documentos importantes en tu rutina diaria, sino para reponerse semanal, mensual y anualmente. Debes aprovechar los fines de semana y las vacaciones. Para administrar bien la información, debes ser capaz de administrar tu vida.

Memoria

Ya que estamos en el tema de manejar y asimilar información, hablemos de cómo mejorar tu memoria. Este es un componente importante de la gestión de la información. Si puedes retener y recordar hechos, cifras y otros datos clave en tu vida personal y profesional, tendrás una ventaja sobre todos los demás. Antes de entrar en los ejercicios para mejorar la memoria, me gustaría asegurarme de que comprendes exactamente lo que sucede en tu cerebro.

Quizá has experimentado la sensación de tener algo en la punta de la lengua: sabes que tienes la información, pero simplemente no puedes decirla. Tu cerebro retuvo con éxito la información, pero no sabes cómo recordarla. Muchos científicos e investigadores están seguros de que el cerebro retiene prácticamente todo, y apuntan a experimentos de estimulación cerebral que permiten a las personas recordar eventos olvidados de hace decenas de años. El cerebro sin duda tiene la capacidad de recordarlo todo. Según un estudio, incluso si el cerebro recibiera diez nuevos bits de información cada segundo durante la vida, no estaría ni cerca de estar lleno.

Es probable que hayas oído hablar de las experiencias cercanas a la muerte. Cuando las personas tienen una experiencia de ese tipo, como estar a punto de ahogarse, caerse de un acantilado o ser atropelladas por un camión y sobreviven de milagro, se encuentran en un caso clásico en el que el cerebro retiene prácticamente todo. Estas personas suelen mencionar que toda su vida pasó frente sus ojos justo antes de perder el conocimiento.

Si estás pensando que es solo una expresión («Toda mi vida pasó frente a mis ojos») y que estos sobrevivientes solo se refieren a algunos eventos importantes en su vida, estarías equivocado. Tras un intenso interrogatorio, insisten en que en verdad experimentaron un recuerdo total. Ahora bien, estos informes se recopilaron de manera confiable de personas de todas las edades, géneros y razas. Y en cada caso, al principio dieron la información a regañadientes porque les daba vergüenza admitir lo que habían experimentado, pensando que serían objeto de burla.

Estos individuos, sin saber que la experiencia era común, pensaron que algo andaba mal con ellos cuando, en realidad, lo que experimentaron fue un momento de funcionamiento cerebral óptimo. Puedes recordar toda tu vida; aunque tal vez nunca la hayas visto pasar frente a tus ojos, es posible que hayas tenido una pequeña probada de esa experiencia... o, para ser más precisos, de su olor. Los olores familiares a menudo traen viejos recuerdos. Por ejemplo, es posible que pases frente a una panadería y percibas el olor a pan casero que te trae una avalancha de recuerdos de tu infancia, cuando pasabas tiempo con tus abuelos. Eso se llama un «estímulo sorpresa». Una imagen, un sonido, una textura o un olor pueden desencadenar toda una serie de recuerdos conectados y, a veces, estos son muy agradables.

Más evidencia de que nuestro cerebro retiene todo proviene de personas que pueden recordar todos los días de su vida, a veces hasta la hora y el minuto. En alguna ocasión se estudió a un ruso que tiene lo que se cree que es una memoria perfecta. Si le preguntaras, por ejemplo, qué sucedió en un día determinado hace veinte años, haría una pausa y diría: «¿A qué hora?». Por alguna razón, su cerebro simplemente se instaló en un sistema natural para recordar todo en toda su vida. En los demás aspectos, incluida la estructura y el funcionamiento de su cerebro, era como tú y como yo. Entonces, si él puede hacerlo, tú y yo también podemos.

Los cinco factores que afectan la recuperación de recuerdos

Dada la gran cantidad de información que recopilamos a lo largo de nuestra vida, solo en términos de nombres, lugares, fechas y eventos, es fácil creer que hemos estado expuestos a demasiada información para que podamos recordar todo. Pero ese no es el caso. No recordamos información simplemente porque no sabemos cómo recordarla. Cuanto mejor sea tu sistema de almacenaje, más fácil será obtener los datos que necesitas. Estos son los factores reales que afectan tu recuperación de recuerdos:

- **Primacía.** Por lo general, recuerdas el comienzo de los eventos (*primacía* significa «primero»), más que la mitad de estos. Recordarás la primera vez que hiciste algo, por ejemplo, cuando aprendiste a andar en bicicleta, más que las veces que repetiste esa acción. Tendrás la oportunidad de verlo por ti mismo cuando comiences los ejercicios más adelante en este capítulo.
- **Inmediatez.** Tendemos a recordar los eventos más recientes. En otras palabras, recordarás lo que hiciste ayer mejor que lo del día anterior, y lo que hiciste hace dos días mejor que lo que hiciste hace tres. Esto es cierto incluso en la vejez, cuando las personas pueden recordar eventos de su primera infancia y de épocas muy recientes, pero pierden gran parte de su mediana edad. Entonces, no es tanto la edad, es simplemente el patrón de recuperación.
- **Vinculación.** Recuerdas cosas que asocias con otras; por ejemplo, si alguien te dice que algo evoca una determinada imagen, es mucho más probable que puedas recordar lo

que dijo porque estás vinculado a esa imagen. El vínculo puede ser entre palabras, frases, imágenes, eventos, olores, sonidos, sentimientos o cualquier combinación de dos o más de estos. La vinculación es un aspecto crítico del desarrollo de un sistema de memoria superior y, de hecho, de una memoria superior.

- **Sobresaliencia.** En la jerga psicológica, lo que llamo «sobresaliencia» se conoce como el efecto Von Restorff o efecto de aislamiento, para cualquiera que quiera usar ese lenguaje. Entre los miembros de mi generación, casi todos pueden recordar dónde estaban y qué estaban haciendo, por ejemplo, cuando dispararon y mataron al presidente John F. Kennedy. Para los más jóvenes, podría ser el atentado a las Torres Gemelas del 11/09/2001. Tenemos un sistema automático para recordar cosas o eventos que se destacan de todos los demás.
- **Voluntad de repaso.** Muchos fisiólogos afirman que el patrón cerebral se fortalece al repetir el patrón de memoria. En otras palabras, tu pensamiento afecta tu estructura cerebral interna física. Las cosas que repasas de manera constante se alojarán con mayor firmeza en tu cerebro que las que solo ves en una ocasión. En otras palabras, si quieres recordar algo, repásalo.

Ahora que sabes cómo el cerebro recuerda la información, debes ser capaz de aplicar ese conocimiento. Dados los cinco factores que afectan la recuperación de recuerdos, ¿qué tiene de malo estudiar 4 h seguidas? Cuando estudias sin parar durante un largo periodo, solo te estás dando una oportunidad de primacía e inmediatez. Podrás recordar el contenido al principio y al final, aunque la distancia entre estos sea enorme. Al tomar descansos frecuentes, aumentas tus oportunidades de primacía e inmediatez, y si agregas algo de repaso a tu rutina de estudio, puedes aumentar significativamente tu potencial para recordar.

La primacía, la inmediatez y el repaso refuerzan el valor del ciclo de descanso-actividad. Al organizar tu aprendizaje en sesiones de entre 20 y 40 min, dependiendo, por supuesto, de la dificultad del tema, tu experiencia con el material y tu nivel de interés no solo le darán a tu recuerdo un gran impulso, sino que te sentirás mucho más descansado. Le das a tu mente la oportunidad de descansar y ordenar la información.

Fragmentación

La fragmentación implica dividir la información y las actividades en segmentos más fáciles de procesar. Divides las sesiones de estudio y práctica en 20 a 40 min con descansos de 2 a 5 min entre ellas. Divides los contenidos en temas y subtemas. Divides los párrafos en listas de no más de siete elementos cada una. La fragmentación es una de las claves para organizarte: divide, agrupa y organiza en paquetes que son más fáciles de procesar y recordar.

Muchos de nosotros cometemos el error de tratar de recordar todo a gran escala. Si piensas en partes, si puedes categorizar las cosas en compartimentos, podrás recordarlas y administrarlas con mayor eficacia.

Si te enorgulleces de ser una persona multitareas, está bien. Tener la capacidad de hacer malabares con varias responsabilidades a la vez es una habilidad valiosa, pero depende de la cantidad de responsabilidades que tengas. La investigación parece indicar que fallamos no porque no tengamos la capacidad, sino porque no nos adaptamos a los procesos naturales de organización y fragmentación del cerebro.

El enfoque es la clave del éxito en cualquier área de la vida. Necesitas saber exactamente lo que puedes hacer, de lo que eres capaz, y trabajar para crear el éxito dentro de ese campo. Si sabes que el cerebro funciona mejor con cierto número de actividades a la vez (siete como máximo para la mayoría de las personas), entonces trabaja con no más de esa cantidad de ideas o conceptos al mismo tiempo. Esto te ayudará a obtener una imagen clara de dónde te encuentras y hacia dónde te diriges.

Recursos mnemotécnicos

La gente ha ideado todo tipo de formas inteligentes de recordar y recuperar información y conceptos clave en la escuela primaria, secundaria y posteriores. Estos recursos mnemotécnicos se pueden dividir en las siguientes categorías:

- Imágenes
- Acrónimos
- Acrósticos
- Rimas
- Fragmentar y organizar
- Modelos

Imágenes

Las imágenes son uno de los recursos mnemotécnicos más efectivos porque te permiten vincular una palabra, frase, concepto u otra imagen con una imagen vívida en tu mente. Por ejemplo, si conoces a alguien que se llama Rosa, podrías imaginártela en un campo rodeada de flores. Para recordar la diferencia, por ejemplo, entre las palabras «barón» y «varón», recuerda que no todo varón tiene título de nobleza.

Acrónimos

Un acrónimo es una o más palabras formadas usando las primeras letras de los elementos que deseas recordar; por ejemplo, para recordar los colores en un arcoíris, piensa en una «rana viva» (rojo, amarillo, naranja, azul, verde, índigo y violeta). Puedes recordar los nombres de los Grandes Lagos de Norteamérica con el acrónimo HOMES: Hurón, Ontario, Míchigan, Erie y Superior. Para tratar una extremidad desguinzada, piensa en HERC: hielo, elevación, reposo, compresión.

Acrósticos

Un acróstico es similar a un acrónimo, pero usas las primeras letras de los elementos que deseas recordar para crear una oración. Por ejemplo, para recordar los nombres de los planetas del Sistema Solar en orden, desde el más cercano al Sol, puedes usar el acróstico: Mi Valioso y Triunfal Método Jerarquiza Siempre Unos Nueve Planetas: Mercurio, Venus, Tierra, Marte, Júpiter, Saturno, Urano, Neptuno y Plutón (cuando Plutón era considerado un planeta).

Para recordar el orden de las operaciones matemáticas, es posible usar el siguiente acróstico: Por Masticar Dulces Siempre Rio (paréntesis, multiplicación, división, suma, resta). En música, es posible aprender el orden de las notas musicales (do, re, mi, fa, sol, la y si) con un acróstico como: Donde Reside Mi Familia Solo Lavan Sillas. Volviendo a la clase de matemáticas, en geometría, es posible que hayas escuchado del acróstico «soh cah toa» para recordar las fórmulas del seno, el coseno y la tangente:

- Seno = Opuesto/Hipotenusa
- Coseno = Adyacente/Hipotenusa
- Tangente = Opuesto/Adyacente

Rimas

Como seres humanos, nos es mucho más fácil recordar rimas que prosa. Estos son solo algunos ejemplos de rimas para aprender:

- Treinta días tiene septiembre, abril, junio y noviembre, 28 tiene uno, y los otros 31; y aunque raro suene, en año bisiesto, son 29.
- Dos y dos son cuatro, cuatro y dos son seis, seis y dos son ocho y ocho dieciséis.
- Si conjugas un verbo que acabe en -uir, la «y» debes incluir.
- El dedo chiquito de la mano es meñique, como mi primo Enrique; el dedo gordo es pulgar, como mi primo Omar.
- En tres carabelas Colón viajaría, la Niña, la Pinta y la Santa María. Tras diez semanas en barcos navegar, en 1942 en América lograron encallar.

Fragmentar y organizar

Con esta técnica se descompone la información en unidades más pequeñas que son más fáciles de recordar, y se agrupan elementos similares. Aquí hay algunos ejemplos:

- Los números de teléfono, números de tarjetas de crédito y números de seguridad social se dividen en grupos de dos a cuatro números. Por ejemplo, el número de teléfono 8777325254 es mucho más fácil de recordar en su forma estándar (877) 732-5254.

- Para recordar artículos en una lista de compras, considera agruparlos por tipo de artículo o sección de la tienda, por ejemplo, productos lácteos (leche, queso, huevos); productos agrícolas (manzanas, plátanos y lechuga); productos enlatados (frutas, verduras y frijoles enlatados); alimentos congelados (cenas preparadas, helados, jugos congelados); etcétera.
- Utiliza colores para realizar un seguimiento de los elementos prioritarios, como el verde para los proyectos muy importantes, el amarillo para los proyectos que siguen en tu lista y el rojo para los proyectos que están en espera por algún motivo.

Modelos

Los modelos son una forma de imágenes mentales. Piensa en ellos más en términos de ilustraciones o gráficas que podrías ver en una infografía, como un diagrama de flujo organizacional, un diagrama de ciclo o una pirámide, como la pirámide alimenticia, que sirve como una guía visual para cuánto comer de cada grupo de alimentos: pan, cereal, arroz y pasta; verduras; frutas; lácteos; proteína; y grasas, aceites y dulces.

Hazañas de la memoria

Desde la época de los antiguos griegos, algunas personas han causado asombro por sus notables hazañas de memoria. Algunas han podido recordar cientos de elementos en cualquier orden: fechas y números, nombres y rostros, cuerpos completos de conocimiento en un área temática determinada. Otros han memorizado largas historias, transmitiéndolas oralmente de una generación a la siguiente.

En tiempos más modernos, los campeones de la memoria han demostrado sus habilidades para memorizar varias cartas barajadas para colocar las 52 cartas en cada baraja en un orden aleatorio. Luego, son capaces de recitar los nombres de las cartas en perfecto orden. Hasta hace poco, el uso de mnemotécnicas por lo general se menospreciaba como trucos de magia. Pero esto no es ningún truco. Como otros investigadores y yo hemos descubierto, estas personas en realidad estaban usando técnicas que reflejan la forma en que funciona el cerebro. Por lo tanto, las mnemotécnicas preliminares que estás a punto de aprender se basan en la forma en que funciona tu cerebro. No son trucos, y ahora se enseñan en los principales colegios, universidades y grandes corporaciones de todo el mundo. Son técnicas que te permiten desarrollar tu músculo mental.

Hipertimesia

La hipertimesia o memoria autobiográfica altamente superior (HSAM, por sus siglas en inglés) es una condición que permite a una persona recordar una cantidad anormalmente grande de experiencias de vida con detalles vívidos, y afecta a un porcentaje muy pequeño de la población mundial: solo entre 30 y 60 personas en el mundo en un momento dado.

Aún se puede acceder al reportaje de *60 Minutes* en YouTube sobre Marilu Henner y otras dos mujeres a las que se les hizo la prueba y se confirmó que tenían hipertimesia. Para dos de las mujeres, la condición fue una bendición; pero para Marilu Henner, una maldición: su mente está llena de recuerdos e información que afectan su capacidad para concentrarse en las actividades diarias.

En el video, su hijo le pregunta: «¿Qué día fue el Día de San Valentín en 1979?» y ella responde de inmediato: «Fue miércoles», lo cual es cierto. Él se queja de que ella nunca explica cómo lo hace y ella responde: «Yo no lo hago. Solo lo veo». Puede recordar casi todos los días de su vida, incluidos los eventos mundiales importantes que ocurrieron en esos días.

Los investigadores escanearon los cerebros de estos individuos y encontraron algo fuera de lo común: un lóbulo temporal agrandado y un núcleo caudado de hasta siete veces el tamaño normal. El núcleo caudado se asocia principalmente con la memoria procedimental y está estrechamente relacionado con el trastorno obsesivo-compulsivo. Si bien ninguna de las mujeres en el reportaje de *60 Minutes* fue diagnosticada con trastorno obsesivo-compulsivo, todas eran muy organizadas.

Ejercicios de memoria

El cerebro tiene un rendimiento asombroso a nivel subconsciente, ya que gestiona y coordina todas las actividades fisiológicas necesarias para mantenernos con vida. Pero también necesitamos funcionar a un nivel consciente. Necesitamos rendir y ser productivos en la escuela o en el trabajo, cumplir con nuestras responsabilidades domésticas y civiles, mantener relaciones y participar en todo tipo de actividades recreativas y divertidas. Para mejorar tu rendimiento a nivel consciente, empieza por mejorar tu memoria. Empecemos a trabajar para mejorar tu ser consciente y estarás bien encaminado para alcanzar tus objetivos.

Ya aprendiste algunas de las razones por las que podemos y no podemos recordar información. Ahora comenzaremos a desarrollar el poder de tu memoria para que toda la información esté al alcance de tu mano cuando la necesites.

Ejercicio 1

A continuación hay una lista de palabras (¡no las mires todavía!). Cuando termines de leer estas instrucciones, lee la lista a tu velocidad normal, una palabra a la vez, de principio a fin. No retrocedas ni vuelvas a leer ninguna palabra. Hay demasiadas palabras en la lista para que las recuerdes todas, así que la idea es simplemente recordar tantas como puedas. Cuando termines de leer la lista, responde las preguntas que siguen.

- pagar
- cabeza
- vuelta
- ahora
- tarifa
- campo
- el
- de
- izquierda
- y
- hasta
- de
- cuál
- el
- voluntad
- una
- y
- más
- claramente

- Leonardo da Vinci
- juntos
- centímetro
- y
- el
- entonces
- de
- ellos
- actual
- de
- y
- caso
- el
- repetir
- mismo
- otro

Ahora contesta las preguntas sin volver a ver la lista.

1. ¿Cuántas de las primeras seis palabras puedes recordar?

______________ ______________ ______________

______________ ______________ ______________

2. ¿Cuántas de las últimas seis palabras puedes recordar?

______________ ______________ ______________

______________ ______________ ______________

3. ¿Puedes recordar alguna palabra que haya aparecido más de una vez?

___

4. ¿Puedes recordar alguna palabra o grupo de palabras que fuera notablemente diferente de todas las demás?

___

5. ¿Puedes recordar alguna otra palabra?

___ ___ ___

¿Cómo te fue? No te sientas mal si solo recordaste unas pocas palabras. Este ejercicio tiene como objetivo ayudarte a comprender *a*) que puedes mejorar tu memoria y *b*) probablemente más importante, que puedes comprender cómo recordaste. Si recuerdas lo que dije sobre la primacía, tendemos a recordar más lo del principio que lo de en medio. Quizá recordaste una o dos palabras al principio y tal vez algunas más al final gracias al factor de inmediatez, ya que conservamos más de lo que aprendemos recientemente.

¿Pudiste recordar alguna palabra que apareciera más de una vez? Si lo hiciste, te beneficiaste de vincular o repasar. La repetición de palabras fue suficiente para grabarlas en tu memoria. Eso demuestra que es más fácil recordar cosas que de alguna manera están conectadas que desconectadas.

¿Encontraste alguna palabra o grupo de palabras que fuera notablemente diferente? Hay muchas posibilidades de que «Leonardo da Vinci» haya saltado de la página y causado una gran impresión. Gracias a lo sobresaliente del nombre, pudiste recordarlo casi sin esfuerzo.

No importa cuántas otras palabras hayas recordado, por muy buena que sea tu memoria ahora, la mejorarás en los próximos 15 minutos.

Ejercicio 2

En este ejercicio debes asociar cada número con un elemento específico. Uno es mesa, dos es pluma, tres es gato, y así sucesivamente. Al igual que con el ejercicio 1, lee cada elemento una vez, cubriendo el que ya leíste con un papel a medida que avanzas en la lista. El propósito de esto es recordar los pares de número-palabra:

- 4 hoja
- 9 camisa
- 1 mesa
- 6 naranja
- 10 póquer
- 5 estudiante
- 8 lápiz
- 3 gato
- 7 coche
- 2 pluma

Ahora, cubre esta lista y completa las respuestas en el orden solicitado a continuación.

Aquí están los números del 1 al 10. Anota junto a cada número la palabra que estaba junto a él. Los números aparecen en un orden diferente a propósito. No vuelvas a consultar la lista hasta que hayas completado tantos como puedas.

1	______________	7	______________
5	______________	4	______________
3	______________	6	______________
8	______________	10	______________
9	______________	2	______________

Puntuación: ______________

Para recordar estas palabras, es necesario contar con un sistema que permita utilizar el poder asociativo y enlazador de la memoria para conectarlas con el número adecuado.

El mejor sistema para esto es el sistema de rimas numéricas, en el que cada número tiene una palabra que rima conectada a él.

Algunas palabras que riman son:

- 1, vacuno
- 2, tos
- 3, pies
- 4, pato
- 5, brinco
- 6, cortes
- 7, arete
- 8, bizcocho
- 9, llueve
- 10, juez

El propósito de este ejercicio es mejorar tu capacidad de recordar. Entonces, para recordar la lista de diez palabras que acabas de intentar recordar (o para recordar cualquier cosa), debes vincular las palabras originales con las palabras que riman conectadas a los números. En un breve lapso, podrás recordar de inmediato la palabra que rima con el número y, con ello, también recordarás la imagen de lo que sea que tengas que recordar.

Ejercicio 3

Como repaso, comprueba una vez más la mejora de tu memoria. En los siguientes espacios, escribe la palabra clave que rima para el sistema de rimas numéricas y, junto a ella, las palabras utilizadas anteriormente para ilustrar el sistema.

Quiero que te imagines lo que te voy a contar y que formes una imagen lo más clara posible en tu mente. Usa tus sentidos para experimentar lo que describo. Siéntelo, escúchalo, huélelo o experiméntalo de cualquier manera que funcione para ti. Como ejemplo, tómate un momento para cerrar los ojos ahora y pensar en lo que cenaste ayer. Involucra tantos sentidos como sea posible: vista, olfato, gusto, tacto y oído.

En el futuro, crearás tus propias imágenes porque eso es lo que funcionará mejor para ti. Ahora, sigamos con el ejercicio. Voy a presentar el número y la palabra que rima con el número. Luego, te daré la palabra que quiero que recuerdes del mismo grupo de palabras presentadas en el ejercicio 2. Aquí vamos:

1. Uno, vacuno. La palabra para recordar es «mesa». Piensa en un vaso de leche de vaca sobre una mesa. De pronto, la leche se derrama y tienes que limpiarla. Puede sentir el trapo empapado con leche fría, percibir el olor.

2. Dos, tos. La palabra para recordar es «pluma». Piensa que estás vistiéndote para el trabajo y cuando sacudes tu saco para ponértelo, hay una pluma gigante que sale volando, te hace estornudar y te provoca un ataque de tos.
3. Tres, pies. La palabra para recordar es «gato». Piensa en el famoso dicho «no le busques tres pies al gato si tiene cuatro». Imagina bien al gato de tres pies, ¿de qué color es? ¿De qué raza? ¿De qué tamaño?
4. Cuatro, pato. La palabra para recordar es «hoja». Imagina un parque con un estanque de patos en otoño; las hojas caídas cubren toda la superficie del estanque y los patos nadan entre ellas. Puedes escucharlos y percibir la brisa.
5. Cinco, brinco. La palabra para recordar es «estudiante». Piensa en un grupo de estudiantes corriendo y jugando en el patio de recreo. Puedes verlos brincar, correr y jugar, y escuchas sus risas alegres y despreocupadas.
6. Seis, cortes. La palabra para recordar es «naranja». Piensa en una naranja gigante, tan grande como una pelota de playa. Es la naranja más grande que has visto. Entonces, tomas un cuchillo y haces varios cortes para comerla. Puedes oler el jugo y sentir cómo escurre al morder un pedazo.
7. Siete, arete. La palabra para recordar es «coche». Imagina que estás conduciendo un coche; de pronto, ves algo brillante en el suelo. Lo recoges y es un arete. ¿Cómo es? Imagina la forma, el tamaño, el color.
8. Ocho, bizcocho. La palabra para recordar es «lápiz». Imagina que estás haciendo una tarea o escribiendo algo para el trabajo. En una mano, tienes el lápiz con el que escribes, y en la otra, un delicioso bizcocho. Imagina el olor, la textura, el sabor.
9. Nueve, llueve. La palabra para recordar es «camisa». Piensa en un cálido día de verano. Estás afuera, caminando y dis-

frutando del sol. Traes unas bermudas y una camisa ligera, ventilada, pero de pronto llueve. Imagina la humedad, cómo se pega la camisa a tu piel, el petricor.

10. Diez, juez. La palabra para recordar es «póquer». Piensa que estás jugando póquer con un grupo de hombres vestidos de jueces con enormes pelucas blancas y togas negras. Ya todos hicieron sus apuestas y tú tienes un póquer de dieces en la mano y estás pensando si debes apostar más.

Muy bien, abre los ojos. Veamos qué tanto te ayudó el sistema de rimas numéricas para recordar tus palabras clave. Llena los siguientes espacios, tanto con tu palabra de rima numérica como con tu palabra clave.

	Palabras que riman	**Palabra clave**
1.	________________	________________
2.	________________	________________
3.	________________	________________
4.	________________	________________
5.	________________	________________
6.	________________	________________
7.	________________	________________
8.	________________	________________

9. __________________ __________________

10. __________________ __________________

¿Hubo alguna mejora? Cualquier mejora que notes se puede atribuir a las imágenes que formaste en tu mente. Para llegar a perfeccionarlo, solo necesitas práctica. Lo que importa a medida que continúes desarrollando tu memoria es asegurarte de que la palabra que rima y la palabra que deseas recordar estén estrechamente vinculadas. Es posible que los ejemplos que proporcioné no se adapten a tu propio estilo de vinculación. En la siguiente sección describo los ingredientes esenciales de las imágenes mentales que formarás para que funcionen de manera más efectiva para ti.

El *S-M-A-S-H-I-N' S-C-O-P-E* de la memoria

Cada vez que utilices palabras e imágenes que riman para memorizar una lista de palabras, asegúrate de que la palabra que rima y la palabra que estás memorizando estén vinculadas por completo. Para establecer un vínculo sólido, crea imágenes mentales que cumplan con uno o más de los siguientes criterios (cuantos más, mejor).

1. Sinestesia

La «S» en *SMASHIN' SCOPE* viene de «sinestesia». La sinestesia se refiere a la fusión de los sentidos. Los grandes memoristas (mnemonistas) «naturales» tienen sentidos agudos, y combinan la información sensorial de sus cinco sentidos para mejorar la memoria. A medida que absorbas datos sensoriales en el transcurso de un día, entrénate para ser más consciente de ello. Tan solo cambia tu atención de un sentido a otro:

- vista
- oído
- olfato
- gusto
- tacto
- cinestesia: tu conciencia de la posición corporal y tu movimiento en el espacio

2. Movimiento y dimensión

En cualquier imagen mnemotécnica, el movimiento y las dimensiones añaden un amplio abanico de posibilidades para que tu cerebro se «enlace» y así recuerdes. Mientras imaginas objetos, hazlos tridimensionales y ponlos en movimiento.

3. Asociación

Independientemente de lo que desees memorizar, asegúrate de asociarlo o vincularlo con algo que sea parte de tu entorno mental habitual; por ejemplo, cualquier palabra que rime y sea parte de tu experiencia o entorno cotidiano (tu comida favorita, tu color preferido, etc.). Enlaza a partir de lo que conoces y te resulte más familiar.

4. Sexualidad

Esto es algo para lo que todos tenemos memoria perfecta. Si así lo deseas, puedes usar imágenes sexuales para hacer tus vínculos y asociaciones. Recuerda, estas son imágenes privadas. Nadie puede entrar allí y echar un vistazo. No son para que nadie más las experimente ni conozca; son tuyas. No uso imágenes sexuales en el libro por razones obvias, pero si las imágenes en tu mente te ayudan a recordar, adelante, úsalas. La sexualidad proporciona una rica fuente de imágenes vívidas.

5. Humor

Diviértete con tu memoria. Cuanto más divertidas, ridículas, absurdas y surrealistas sean tus imágenes, más memorables serán. Salvador Dalí, el pintor surrealista, dijo una vez: «Mis pinturas son fotografías pintadas a mano de lo irracional hecho concreto», y que en muchos casos eran las pinturas de los recuerdos perfectamente guardados de sus sueños diurnos y nocturnos.

6. Imaginación

Einstein dijo: «La imaginación es más importante que el conocimiento. Porque el conocimiento es limitado, mientras que la imaginación abarca el mundo entero, estimula el progreso y da paso a la evolución». Cuanto más uses tu imaginación, mejor serás para imaginar. Y cuanto mejor seas para imaginar, más asombrosos se volverán tus poderes de memoria.

7. Número

A estas alturas ya te estás volviendo muy bueno con los números. Al numerar elementos, les das un orden y una secuencia que te ayuda a recordarlos de nuevo, utilizando tus habilidades corticales cerebrales izquierda y derecha.

Eso completa la palabra *SMASHIN'* y podemos pasar a la segunda palabra, que es *SCOPE*.

8. Simbolismo

Los símbolos normales están bien, pero cuanto más significativo sea un símbolo para ti y cuanto más exagerado, imaginativo y colorido, mayor será la probabilidad de que recuerdes lo que asociaste con él. Sustituir una imagen normal o aburrida por una más significativa aumenta la probabilidad de recordar. Así que dale un toque fantástico. También puedes usar símbolos tradicionales (por ejemplo, una señal de alto o un foco).

9. Color

Cuanto más vívidas son, más memorables se vuelven tus imágenes mentales. Cuanto más memorables son, mejor se vuelve tu memoria y más colorida es tu vida. Cuando corresponda, y siempre que sea posible, utiliza toda la gama del arcoíris para hacer que tus ideas sean más «coloridas» y, por lo tanto, más memorables.

10. Orden

Cuando desarrollas por completo el proceso de orden, aumentas la capacidad del cerebro para acceder a la información como una biblioteca bien ordenada. En combinación con los otros principios, el proceso de orden permite una referencia mucho más inmediata y aumenta las posibilidades del cerebro para el «acceso aleatorio».

11. Positividad

Esto significa que debes mantener tus imágenes positivas y agradables por la sencilla razón de que tu cerebro querrá volver a ellas. Si lidias con imágenes negativas, incluso si las usas junto con todos los demás principios, es posible que el cerebro bloquee tu recuerdo porque le parecen desagradables u ofensivas y, literalmente, no quiere volver atrás, no quiere recordarlas.

12. Exageración

La última letra es la «E», de «exageración». Exagera todo. Esto nos remonta a ese principio sobresaliente que abordamos. No solo pongas un vaso de leche en la mesa, conviértelo en un vaso gigante, tan grande que hace que la mesa se derrumbe y el vaso se derrame, y la leche salpique todo el suelo de la cocina. Involúcrate. No solo cortes una naranja normal, haz que esa naranja sea tan grande como un planeta, siente el jugo, pruébalo, disfrútalo. Participa, haz que las cosas sean grandes y encantadoras y las recordarás sin ningún problema.

Si aplicas el *SMASHIN' SCOPE*, tu memoria literalmente expandirá sus dimensiones hasta el infinito. En todas tus imágenes, exagera el tamaño, la forma y el sonido.

Hay muchos sistemas de memoria disponibles que pueden ayudarte a desarrollar tu memoria hasta el punto en que nunca tendrás que tomar apuntes en una reunión o podrás responder cualquier pregunta en cualquier momento sin una nota. Estos no son trucos; son sistemas de administración de información que pueden ser de gran valor al poner cada bit de información al alcance de tu mano y ser de gran ayuda en la resolución de problemas y la toma de decisiones. Practica el sistema de rimas numéricas, junto con el *SMASHIN' SCOPE*, y aumenta tu conocimiento con otros constructores de memoria.

Lo que puedes hacer con habilidades de memoria completamente desarrolladas

Las personas que tienen una excelente memoria tienen el potencial para sobresalir en la escuela, el trabajo y su vida personal, porque tienen información al alcance de la mano. Déjame contarte una pequeña historia interesante para ilustrar mi punto. Esta es una historia sobre una clase de estudiantes de 14 años en Suecia, a quienes se les dio lo que su maestro describió como una tarea imposible. Les indicó que simplemente hicieran su mejor esfuerzo.

Se les pidió que memorizaran tantos países y capitales del mundo como fuera posible, un número por arriba de trescientos. Uno de los chicos de la clase llegó a casa y se quejó con su padre porque sentía que era una tarea injusta y poco realista. Sin embargo, su padre era un alto directivo en una gran empresa donde había tomado uno de mis cursos de memoria. Le dijo a su hijo algo como: «Mira, puedo mostrarte cómo hacer esto». De hecho, el niño se sorprendió mucho al escuchar a su padre decirle que la tarea no era nada difícil.

El niño volvió a la escuela e hizo la prueba. Unas semanas más tarde, el padre recibió una llamada del director de la escuela informándole que su hijo había hecho trampa en el examen de geografía. Entonces, el papá fue a la escuela para discutir el tema. La única prueba que tenía la escuela para implicar a su hijo era el hecho de que le había ido muy bien en el examen. El segundo puntaje más alto fue 123. ¡Su hijo obtuvo más de 300! El maestro concluyó que un puntaje tan alto era imposible y, por lo tanto, el niño debía de haber hecho trampa.

El niño podría haberle enseñado al director una o dos lecciones, y eso es exactamente lo que hizo... y más. Cuando se dieron cuenta de que el niño realmente había aplicado su asombroso poder mental, le pidieron que enseñara mis técnicas de memoria a todos sus compañeros de clase. Juntos elevaron la curva de aprendizaje de esa escuela.

CAPÍTULO 5

CONOCIÉNDOTE MEJOR: LA AUTOEXPLORACIÓN

Nuestra mayor aventura humana es la evolución de la conciencia. Estamos en esta vida para agrandar el alma, liberar el espíritu e iluminar la mente.

Tom Robbins

Estamos a punto de entrar en una fase completamente nueva de nuestro programa de poder mental y, para prepararnos, me gustaría que hicieras tres ejercicios. Estos ejercicios te ayudarán a analizar tu vida, a determinar el punto en que te encuentras en términos de tu desarrollo personal y el punto en el que te gustaría estar, así como a determinar el tiempo que te resta para gozar los frutos de un cambio significativo.

Este es el comienzo de aprender a usar el poder de tu cerebro para apuntar a una vida que esté más en sintonía con quién eres y lo que realmente quieres para ti, tu familia y tus seres queridos. Al trabajar con los siguientes ejercicios, descubrirás que tu futuro nunca será uno en el que las circunstancias externas u otras personas te dominen, sino que tendrás el control. Lo que vas a atravesar es el proceso de autoevaluación como tu próximo paso para liberar la extraordinaria gama de habilidades mentales de las que estás empezando a ser consciente: tu gama completa de habilidades de alfabetización mental. Vas a responder preguntas sobre ti mismo, quién eres, qué quieres lograr y en qué quieres convertirte. Te prometo que los beneficios a largo plazo serán grandiosos. Al principio verás que podrás superar sin problema cualquier vacilación inicial porque el cambio, como sabemos ahora, se puede lograr con facilidad.

Aquí hay un ejemplo. La mayoría de las personas que fuma cigarros lo hace para ocultar sentimientos de inadecuación social y otras frustraciones en su vida. No saben qué hacer con sus manos y necesitan algo que las mantenga ocupadas durante las pausas vergonzosas y otras situaciones sociales. A medida que continúan con el hábito a lo largo de los años, se convierte en un ritual complicado y complejo. Por ejemplo, una conocida mía que había fumado durante años finalmente lo dejó. Y cuando lo hizo, descubrió que sus sentimientos de inadecuación social se multiplicaban por 10 y, en consecuencia, se puso frenética porque ya no tenía el apoyo. Este aparente contratiempo fue en realidad un evento positivo porque le permitió mirarse claramente a sí misma y concentrarse en las causas subyacentes de sus emociones, para luego abordar el problema de frente en lugar de evitarlo por el resto de su vida. Ahora ya no fuma y pudo deshacerse de sus sentimientos de inadecuación social sin esa «ayuda» poco saludable.

Ejercicio 1: Escribe un diario

Una de las mejores maneras para descubrir quién eres en realidad es a través del proceso de escribir un diario. Puedes llevar un diario de tus pensamientos y experiencias en una tableta o en un documento electrónico, o usar diarios especializados disponibles en librerías o aplicaciones para que incluyan indicaciones para fomentar la autoexploración. Para comenzar, responde a las siguientes diez indicaciones:

1. Enumera tus cinco fortalezas principales:

- ________________________________
- ________________________________
- ________________________________
- ________________________________
- ________________________________

2. Enumera cinco debilidades que te gustaría superar:

- ________________________________
- ________________________________
- ________________________________
- ________________________________
- ________________________________

3. Describe un desafío importante que hayas enfrentado en tu vida y explica cómo lo superaste:

____

____

4. Si pudieras lograr cualquier cosa, ¿qué sería?

5. Si supieras que no puedes fallar, ¿qué actividad audaz intentarías?

6. ¿Qué es lo que más te gusta hacer?

____

____

____

____

____

7. Enumera tus valores en orden de importancia (por ejemplo, honestidad, lealtad, independencia):

- ______________________________________
- ______________________________________
- ______________________________________
- ______________________________________
- ______________________________________

8. ¿Qué cualidades valoras más en un amigo?

- ______________________________________
- ______________________________________

- ____
- ____
- ____

9. ¿Cuáles son tus mayores temores?

- ____
- ____
- ____
- ____
- ____

10. Describe los cinco mejores momentos de tu vida.

- ____
- ____
- ____
- ____
- ____

Autoexploración a través de la aventura

Una de las mejores maneras de conocer quién eres en realidad es a través de la aventura: probar algo fuera de tu zona de confort, algo que te resulte desafiante o incluso un poco aterrador. Piénsalo. Uno nunca sabe realmente qué tan inteligente, fuerte o resistente es hasta que su inteligencia, fuerza y resiliencia son llevadas al límite. Además, la aventura por lo general te pone en contacto con algo más grande que tú y los límites del lugar en el que vives, lo que te permite verte desde una perspectiva diferente. Aquí hay algunas opciones para salir de tu zona de confort:

- Asiste a un lugar o evento que no te sea familiar.
- Viaja solo a un país cuyo idioma no hables.
- Haz algo que te asuste un poco, como saltar en paracaídas o escalar rocas.
- Toma un curso sobre un tema desconocido.
- Aborda un problema desafiante de frente.
- Conéctate con alguien nuevo.

Ejercicio 2: Escribe tu propio obituario

Imagina que eres el columnista de obituarios de tu periódico local, y que justo cuando estás leyendo esta sección del libro, llega un correo electrónico informándote de tu propia muerte, ¡esa misma mañana! En el mensaje se incluye una breve nota del editor solicitando un obituario inmediato sobre ti para la edición de la mañana siguiente.

En el siguiente espacio escribe tu propio obituario «real» hasta la fecha. Tómate el tiempo que necesites. De hecho, no pases al siguiente capítulo hasta que lo completes. Quiero que pienses bien en ello. Tómate una hora, unas cuantas horas, un día o el tiempo que requieras para pensar realmente en lo que has logrado hasta ahora en todos los aspectos de tu vida. No tienes que limitarte al espacio provisto en este libro.

Obituario

(usa las hojas adicionales que necesites)

Nota: Si quedaste satisfecho con tu obituario, quiere decir que tienes una base sólida sobre la cual construir tu futuro. Si descubriste que te hubiera gustado haber contribuido más a la raza humana hasta la fecha, los ejercicios restantes te ayudarán a hacer los ajustes apropiados y establecer metas que estén más en sintonía con tus verdaderos ideales.

Hoy es el primer día del resto de tu vida. Con ese espíritu, quiero que hagas otra cosa antes de pasar al próximo capítulo. Quiero que calcules tu esperanza de vida. Esta es una clave para comprender no solo la duración de tu vida, sino también la calidad de esta. En el próximo capítulo aprenderás por qué hiciste estos ejercicios y cómo mi sistema te ayudará a tomar el control de tu vida y construir el futuro que deseas. Estás llegando al corazón de este programa para liberar toda la gama de tus poderes mentales.

Ejercicio 3: Cuestionario de esperanza de vida personal

El equilibrio de las actividades de tu cerebro izquierdo y derecho, los alimentos que comes, la cantidad de ejercicio que haces, el manejo de tus relaciones personales, los grados de estrés a los que te expones y tus hábitos de gestión de la salud afectan tanto a tu calidad de vida como a su duración. Ahora que examinaste la persona que eres, la persona en la que te has convertido a lo largo de tu vida, completa el siguiente cuestionario para determinar aproximadamente cuánto tiempo te queda para convertirte en la persona que quieres ser y construir la vida que imaginas.

Estimación de tu esperanza de vida

Un número creciente de psicólogos y fisiólogos cree que muchos de nosotros tenemos al nacer la capacidad de vivir entre 85 y 120 años. Después de muchos años de investigación sobre la longevidad, es posible dar pautas generales, en forma de cuestionario, que permiten que calcules aproximadamente cuánto tiempo te queda de vida.

Comienza por buscar tu edad en la tabla de la vida, que te permitirá estimar tu esperanza de vida básica según las cifras producidas por los actuarios de seguros. Luego, al responder las preguntas, suma o resta de ese número. Consulta la sección «Tabulación del cuestionario de longevidad», en ella encontrarás una tabla en la que puedes registrar tus datos de longevidad y hacer los cálculos.

Recuerda una cosa: las mujeres normalmente viven en promedio tres años más que los hombres. Las mujeres, por lo tanto, deberían agregar tres años para empezar.

La tabla de la vida

Para estimar tu esperanza de vida, comienza con tu esperanza de vida básica. Busca tu edad en la siguiente tabla, encierra en un círculo la esperanza de vida básica correspondiente a tu edad y regístrala en el espacio proporcionado en la tabulación del cuestionario de longevidad. Luego, responde las preguntas y anota la cantidad de tiempo para sumar o restar para cada respuesta en la sección «Tabulación del cuestionario de longevidad».

Tabla básica de esperanza de vida									
Edad actual	Esperanza de vida estimada	Edad actual	Esperanza de vida estimada	Edad actual	Esperanza de vida estimada	Edad actual	Esperanza de vida estimada	Edad actual	Esperanza de vida estimada
15	70.7	29	71.7	43	72.8	57	75.4	71	80.7
16	70.8	30	71.8	44	72.9	58	75.5	72	81.2
17	70.8	31	71.8	45	73.0	59	76.0	73	81.7
18	70.8	32	71.9	46	73.2	60	76.3	74	82.2
19	70.9	33	72.0	47	73.3	61	76.6	75	82.8
20	71.1	34	72.0	48	73.5	62	77.0	76	83.3
21	71.1	35	72.1	49	73.6	63	77.3	77	83.9
22	71.2	36	72.2	50	73.8	64	77.7	78	84.5
23	71.3	37	72.2	51	74.0	65	78.1	79	85.1
24	71.3	38	72.3	52	74.2	66	78.4	80	85.7
25	71.4	39	72.4	53	74.4	67	78.9	81	86.3
26	71.5	40	72.5	54	74.7	68	79.3	82	87.0
27	71.6	41	72.6	55	74.9	69	79.7	83	87.6
28	71.6	42	72.7	56	75.1	70	80.2	84	88.2

Preguntas sobre la longevidad

1. Agrega un año por cada uno de tus abuelos que vivieron hasta los 80 años o más. Suma medio año por cada uno que superó los 70.
2. Suma cuatro años si tu madre vivió hasta más de los 80, y dos si tu padre lo hizo.
3. Agrega dos años si tu inteligencia está por encima del promedio.
4. Quita 12 años si fumas más de 40 cigarrillos al día; resta siete años si fumas de 20 a 40; resta dos años si fumas menos de 20.
5. Si tienes relaciones sexuales una o dos veces por semana, suma dos años.
6. Si te haces un chequeo anual minucioso, suma dos años.
7. Si tienes sobrepeso, resta dos años.
8. Si duermes más de 10 h cada noche, o menos de cinco, resta dos años.
9. Consumo de alcohol: un whiskey, media botella de vino, cuatro vasos de cerveza tres veces por semana, se considera moderado; agrega tres años. Los bebedores ligeros, es decir, muy poco por semana, agreguen solo un año y medio. Si no bebes nada, no sumes ni restes nada. Bebedores empedernidos o alcohólicos, restar ocho años
10. Ejercicio. Tres veces a la semana (correr, andar en bicicleta, nadar, caminar a paso ligero, bailar o patinar), agrega tres años. No cuentes las caminatas de fin de semana u otros ejercicios ligeros ocasionales.
11. ¿Prefieres alimentos sencillos, verduras y frutas, a alimentos grasos más ricos y carnosos? Si puede decir que sí honestamente y puedes dejar de comer antes de estar lleno, agrega un año.

12. Si te enfermas con frecuencia, resta cinco años.
13. Educación. Si hiciste un posgrado, agrega tres años. Para una licenciatura, agrega dos. Hasta la preparatoria, agrega uno; hasta la secundaria o menos, ninguno.
14. Trabajo. Si eres una persona profesional, agrega un año y medio; los trabajadores técnicos, gerenciales, administrativos y agrícolas suman un año; los propietarios, empleados y el personal de ventas no agregan nada; los trabajadores semicualificados se quitan medio año; los obreros restan cuatro años. Sin embargo, si no es obrero, pero tu trabajo implica mucho esfuerzo físico, agrega dos años. Si es un trabajo de escritorio, resta dos años.
15. Si vives en una ciudad grande o mediana, o lo has hecho la mayor parte de tu vida, resta un año. Agrega un año si has pasado la mayor parte de tu tiempo en el campo.
16. Si tienes uno o dos amigos íntimos a los que puedas confiarles todo, agrega un año.
17. Si puedes descansar con regularidad y disfrutar de «tomártelo con calma», agrega dos años.

Tabulación del cuestionario de longevidad

Esperanza de vida básica (de la tabla): ______________________

Años restados	Años añadidos
1.	
2.	
3.	
4.	
5.	

Años restados	Años añadidos
6.	
7.	
8.	
9.	
10.	
11.	
12.	
13.	
14.	
15.	
16.	
17.	

Totales: Esperanza de vida básica: __________ – años restados: ____________ + años agregados: ____________ = esperanza de vida: __________ años.

14 consejos para lograr una vida feliz, saludable y larga

Tu esperanza de vida no está predestinada. Desde el siglo XVI hasta el siglo XIX la esperanza de vida en Europa oscilaba entre los 30 y los 40 años. Gracias a los avances en la atención médica, el saneamiento, las inmunizaciones, el acceso a agua potable y una mejor nutrición, la esperanza de vida en la mayoría de las naciones industrializadas es de alrededor de 75 años.

Puedes tomar medidas para aumentar ese número. Aquí hay una lista de 14 pasos que puedes seguir para aumentar tu esperanza de vida:

1. Mejora tu inteligencia usando tu cerebro izquierdo y derecho juntos, y aumentando tu vocabulario. Imaginar números y cálculos en lugar de verbalizarlos es una forma de usar los cerebros izquierdo y derecho juntos. El vocabulario enriquecido también involucra el pensamiento del cerebro izquierdo y del cerebro derecho.
2. Si fumas o vapeas productos de tabaco, deja de hacerlo o reduce tu consumo de inmediato para mejorar tu salud física y mental. Recuerda que el oxígeno es esencial para la salud y el funcionamiento del cerebro. Fumar no solo reduce el flujo de oxígeno al cerebro, sino que también lo expone a toxinas.
3. Mantén un peso saludable, por lo general, el extremo bajo o medio del peso promedio para tu estatura, pero no te obsesiones con eso. Si eres musculoso, pesar más hacia el extremo superior de ese rango está bien. Puedes encontrar gráficas para pesos saludables basados en la altura en línea.
4. Consume alimentos frescos y naturales, sobre todo de origen vegetal, para optimizar la digestión, la circulación, la nutrición y la función cognitiva. Evita el azúcar y los edulcorantes artificiales, los dulces (incluidas las bebidas azucaradas) y los carbohidratos simples (como los que se encuentran en las papas fritas, el pan y las galletas saladas).
5. Toma de 7 a 8 h de sueño de calidad por noche. Si despiertas y sientes que no descansaste, no estás durmiendo lo suficiente o tu sueño no es reparador.

6. Haz ejercicio por lo menos 30 min la mayoría de los días de la semana, alternando entre ejercicios cardiovasculares y entrenamiento con pesas o de resistencia.
7. Incluye tiempo para hacer el amor. Debido a que hacer el amor parece una parte natural de las relaciones íntimas, muchas personas lo descuidan; no hacen un esfuerzo para incluirlo en sus actividades diarias o semanales. Incluir el sexo en tu horario diario o semanal puede parecer demasiado clínico, pero hacer el amor es una actividad única que combina idealmente el amor, el afecto y el ejercicio.
8. Bebe principalmente agua simple. El café y el té sin azúcar están bien. El alcohol con moderación está bien. Beber con moderación significa un trago de licor fuerte, media botella de vino o cuatro vasos de cerveza, con una frecuencia de hasta cuatro veces por semana.
9. Realiza chequeos médicos regulares y trabaja con tu médico para usar la menor cantidad de medicamentos en las dosis más bajas para tratar cualquier condición médica. Revisa tus tratamientos con tu médico cada 6 o 12 meses.
10. Comprométete a una vida de educación continua. Siempre mantente en el proceso de aprender algo: estudia, aprende a tocar un instrumento musical, aprende otro idioma, practica tus pasatiempos favoritos, inicia un negocio. El objetivo aquí es desafiar constantemente a tu cerebro.
11. Asegúrate de que tu trabajo incluya un equilibrio razonable de actividad mental y física.
12. Pasa tiempo en la naturaleza (¡es bueno tanto para el cerebro derecho como para los pulmones!).
13. Desarrolla al menos una amistad cercana y trata de mantener una vida social activa.
14. Relájate, participa en actividades lúdicas y diviértete.

CAPÍTULO 6

DOMINA LA GESTIÓN DE LA VIDA

La mejor forma de predecir tu futuro es creándolo.

ABRAHAM LINCOLN

El objetivo de la autoexploración que realizaste en el capítulo anterior es darte una idea de ti mismo, determinar si tienes una base sólida sobre la cual construir tu futuro y estimar cuánto tiempo te queda para alcanzar tus objetivos. Si estás completamente satisfecho con el lugar donde te encuentras y lo que has logrado hasta ahora en la vida, no solo en el trabajo, sino en tus relaciones, amor y contribuciones a la sociedad, es probable que puedas saltarte este capítulo. Aunque si eres el tipo de persona que está honestamente satisfecha con el lugar en el que se encuentra, quizá querrás seguir leyendo solo para asegurarte de que no te pierdas de algo que pueda ayudarte aún más.

En este punto de tu programa de autodesarrollo del poder mental eres consciente de que tus habilidades humanas de procesamiento de información son mejores y más rápidas que las de cualquier computadora, y sabes que pueden mejorar mucho más. Ya aprendiste los conceptos básicos sobre tu capacidad para lidiar con la lógica, los números, el orden, la secuenciación y otros fragmentos de inteligencia almacenados en tu corteza. A estas alturas, comprendes tus pasatiempos y lo que estos dicen sobre tus capacidades. Estás en camino a mejorar drásticamente tu memoria y estás a punto de avanzar más en la gestión de la vida, una habilidad fundamental para la gestión de la información.

Es muy probable que no estés totalmente satisfecho con tu vida, o tal vez no has hecho el tipo de contribución que esperabas o deseabas. Con base en tus respuestas a las preguntas en el cuestionario de esperanza de vida y tus cálculos, tienes una idea general de cuánto tiempo te queda para cambiar tu vida y hacer un progreso serio hacia la realización personal. Tal vez tengas una ventana de 10, 20 o 50 años. Incluso en el extremo inferior, es un tiempo considerable para hacer un cambio. En este capítulo comienzas el proceso al tomar el control de tu vida.

Organiza tu vida

¿Has escuchado la expresión sobre una persona que «muerde más de lo que puede masticar»? Bueno, eso es lo que la mayoría de nosotros hace. Asumimos demasiado y nos esforzamos demasiado, lo que nos hace sentir sobrecargados de trabajo y abrumados, y terminamos socavando nuestro propio desempeño. Para tener alguna esperanza de lograr una vida equilibrada y la autorrealización, debemos dividir nuestras metas, responsabilidades y deseos para que sean más fáciles de manejar. Toqué el tema de la fragmentación en el capítulo 4. Así como puedes mejorar tu memoria con fragmentación, puedes mejorar tu capacidad para administrar tu vida dividiéndola en categorías y luego priorizándolas.

Para una recuperación óptima, fragmentamos la información en no más de siete elementos a la vez. Más de siete, y el rendimiento de recuperación comienza a sufrir. Si intentas asumir demasiado, te estás preparando para el fracaso. De manera similar, para tomar el control de tu vida, te recomiendo dividir tus intereses y actividades en un máximo de siete divisiones principales. Esto te permite aprovechar las tendencias y habilidades naturales del cerebro. La organización te da libertad. La desorganización te aprisiona.

Puedes usar cualquier división que sea más relevante para tu vida, metas y deseos. Las divisiones de todos serán únicas, un reflejo de quiénes son y de la vida que desean. Puedes tener más de siete subdivisiones, pero debes organizarlas en no más de siete divisiones *principales*. Aquí hay algunas divisiones que la gente ha usado:

- Calidad de vida
- Hogar
- Familia
- Trabajo
- Negocios
- Pasatiempos
- Relajación
- Creatividad
- Viajes
- Juegos
- Superación personal
- Lectura/estudio
- Comunidad
- Mascotas
- Medioambiente
- Escritura
- Entretenimiento
- Cultura

- Vida social
- Aprendizaje
- Leyes
- Actividades domésticas
- Estabilidad emocional
- Sexualidad
- Finanzas
- Cuentas
- Nutrición/alimentos
- Actividades deportivas y recreativas

A medida que avances en este capítulo tendrás mucho en que pensar. Estableciste tu esperanza de vida y comenzaste a pensar en organizar tu vida en divisiones mayores y menores. No importa qué edad tengas ahora, solo tienes un tiempo limitado en este planeta. Lo que hagas con esos años depende totalmente de ti. Al organizar tu vida, al dedicar unas pocas horas más a comprender los sistemas completos de gestión y procesamiento de la información que presento en este capítulo, obtendrás la clave para vivir la vida al máximo.

Ejercicio 1: Clasificación de tus siete divisiones

Enumera tus principales divisiones en orden de importancia, en el espacio proporcionado más adelante. Luego, suponiendo que tienes el 100% de tu tiempo para dedicarte a ellas, asigna a cada área tu porcentaje ideal: el tiempo ideal que te gustaría dedicar a cada área. Luego, en la última columna, indica qué porcentaje de tu tiempo realmente dedicas en promedio a cada división. Considera comenzar con las tres divisiones principales que estimo obligatorias: amor y afecto, desarrollo personal y autogestión financiera. Luego agrega cuatro más.

Cuando hagas esto, siéntete libre de leer la lista de ejemplos de divisiones principales elegidas por otras personas como guía, las que mencioné anteriormente. Si se te ocurren más de siete divisiones principales, intenta agruparlas. Por ejemplo, si tu lista incluye dieta, correr y entrenamiento con pesas, considera agruparlos en una división principal llamada «salud y condición física».

No te preocupes por seleccionar las divisiones «incorrectas». Lo que es importante para otra persona puede no serlo para ti. Por ejemplo, yo modifiqué mis propias divisiones cuando comencé, de siete a cuatro. Cambié el rango de mis divisiones una vez, y moví una categoría combinada de legal y finanzas del séptimo al quinto lugar cuando me di cuenta de que no le estaba prestando suficiente atención. En otra ocasión, combiné dos divisiones previamente separadas, familia y amigos, en una sola cuando me di cuenta de que los consideraba a todos como seres queridos. En otra ocasión, eliminé una división llamada proyectos cuando me di cuenta de que cada uno de estos «proyectos» podía encajar en otras divisiones. Sé creativo y permítete flexibilidad a medida que progresas con el tiempo. Descubrirás que terminarás con las divisiones que signifiquen más para ti.

Ahora, contempla tus siete divisiones principales y escríbelas a continuación en orden de mayor a menor importancia. Una vez que lo hayas hecho, asigna el porcentaje de tiempo que idealmente te gustaría pasar en cada división. Luego, en la siguiente columna, asigna el porcentaje de tiempo que en realidad pasas en cada división.

	División	Porcentaje ideal	Porcentaje real
1.			
2.			
3.			
4.			
5.			
6.			
7.			

Por último, compara tu vida ideal con tu vida real, anotando en la columna proporcionada la diferencia porcentual; por ejemplo, si para tu familia y amigos tu porcentaje ideal era un 40% y tu porcentaje real el 10%, entonces la diferencia es un 30 por ciento.

	División	Porcentaje ideal	Porcentaje real	Diferencia
1.				
2.				
3.				
4.				
5.				
6.				
7.				

Es posible que notes una gran diferencia entre el tiempo que te gustaría dedicar a algunas cosas y el que en realidad les dedicas. Lo más probable es que aquellas áreas con las mayores discrepancias entre el tiempo real y el tiempo deseado sean las áreas en las que estás teniendo más dificultades en la vida. Pero no te desanimes si estás muy lejos; tu cerebro es un órgano que se corrige a sí mismo y se redirigirá si sabe cuándo se está desviando del objetivo. Recuerda, ya como dije, que el cerebro funciona mejor a nivel consciente que a nivel subconsciente.

El propósito de este ejercicio es examinar la diferencia entre tu vida real y tu vida ideal, y permitirte cambiar el patrón para que tu realidad se aproxime más a tu ideal: la vida que imaginas para tu futuro.

Ejercicio 2: Organización de tus divisiones principales

Ahora, el paso final de este proceso de autogestión: la organización detallada de tus principales divisiones. Aunque esto requiere trabajo, los resultados valdrán la pena. Con este paso organizarás tus divisiones principales en siete secciones, siendo siete el número mágico de lo que las personas pueden manejar de manera efectiva. Cada una de estas siete secciones se divide de la siguiente manera:

1. Página de imagen

Para cada una de tus divisiones principales es importante tener una imagen que hayas dibujado o seleccionado de tu propia colección de fotografías, o de un libro o revista, una ilustración que personifique para ti el tema de esa área en particular. Por ejemplo, para la sección de autodesarrollo, puede que tengas una imagen similar a una de las ilustraciones a continuación (figuras 6.1 y 6.2).

Figura 6.1. Tiempo de calidad con la familia.

Figura 6.2. Ejercicio aeróbico para aumentar la oxigenación al cerebro.

La función de esta imagen es activar el lado derecho imaginativo de tu cerebro y brindarte un conjunto mental que le permita a tu cerebro que se autocorrige apuntar constantemente a un ideal. Esta es una técnica utilizada por muchas de las grandes y exitosas personas de generaciones pasadas y actuales, incluidos Albert Einstein, John D. Rockefeller, Henry Ford, Muhammad Ali, Björn Borg, Theodore Roosevelt, Wilbur Wright, Woodrow Wilson, Alexander Graham Bell y Gary Player. La imagen te da placer cada vez que la ves, lo que atrae asociaciones mentales más positivas con lo que deseas lograr.

Si tienes la habilidad o el valor, es recomendable que dibujes tu propia imagen, ya que esto hace que las redes de tu mente se involucren más. Conforme pasa el tiempo, tu mente te alentará a mejorar la imagen, al mismo tiempo que mejoras tu habilidad en el arte, una habilidad que retroalimenta al lado derecho del cerebro, produciendo un desarrollo general.

En tu tiempo libre, pasa a la página de imágenes de la división principal 1 y cópiala para el resto de tus divisiones, completando tu imagen ideal para cada una. Copia también las páginas de las divisiones restantes.

2. Subdivisiones principales

Cuando hayas completado tu imagen para cada división principal, estarás listo para dividir cada división en siete o menos subdivisiones. Por ejemplo, la subdivisión de autodesarrollo podría incluir desarrollo de vocabulario, libros, teatro, citas para recordar, instrumentos musicales para tocar y habilidades de conversación o presentación que te gustaría desarrollar.

En esta etapa algunas personas se quejan y aseguran que no hay forma de que puedan hacerlo, porque tienen mucho que lograr en cada división. Si tú te sientes así, tal vez quiere decir que la vida apenas te alcanza. El hecho es que simplemente no hay tiempo en la vida promedio para hacer frente a más de siete subdivisiones de siete divisiones principales; debes elegir lo que más quieres hacer.

3. Objetivos principales

A continuación, completa, ya sea en forma de imagen o de lista de prioridades, las metas principales que deseas lograr en cada una de tus divisiones principales. Al lado de cada objetivo principal, pon una fecha en la que te gustaría haber logrado ese objetivo. (Todavía no he conocido a nadie que haya acertado al cien por ciento en esta estimación; al igual que con las clasificaciones porcentuales, se trata de emprender el camino hacia el ideal y dejar que tu cerebro te dirija, con su mecanismo de prueba y error, hacia la meta).

4, 5, 6, 7. Metas específicas y fechas

En cada división principal, las páginas cuarta a séptima son para enumerar en orden cronológico las metas particulares que deseas lograr. Esto te permitirá mantener un control de tu progreso durante todo el año.

El incumplimiento de todos estos objetivos inmediatos no es de ninguna manera un desastre; es, de hecho, algo común. Cuando no se cumplen los objetivos, se requiere una reevaluación, y se puede establecer una fecha o un objetivo más realista. En algunos casos, la presión del tiempo y los cambios en tu vida pueden hacer útil que descartes de ciertas metas.

Mientras completas cada una de estas páginas de objetivos, ten en cuenta que esta es tu vida y puedes organizarla como desees. La imagen de tu vida ideal será diferente a la de los demás. Si, por ejemplo, ciertos aspectos de tu comportamiento reducen tu esperanza de vida y lo aceptas a sabiendas, entonces esa es tu elección personal y no algo que «debes» o «no debes» hacer.

Del mismo modo, ten en cuenta el hecho de que tu primera subdivisión, tu primera clasificación y tu primer establecimiento de objetivos serán solo eso: los primeros. A medida que pasa el tiempo, y la naturaleza y el tenor de tu vida cambien y se desarrollen, también lo hará la importancia que les des a las divisiones. Algunas se volverán menos significativas o tal vez incluso desaparezcan; otras divisiones que no existen en este momento pueden entrar repentinamente e, incluso, dominar tu vida.

División principal 1
Página de imágenes

Copia esta página para usarla en las próximas seis divisiones.

División principal 1

Subdivisiones principales

Copia esta página para usarla en las próximas seis divisiones.

División principal 1
Objetivos principales

Copia esta página para usarla en las próximas seis divisiones.

División principal 1

Objetivos y fechas específicas

Objetivo	Fecha para lograrlo

Copia esta página para usarla en las próximas seis divisiones.

División principal 1

Objetivos y fechas específicas

Objetivo	Fecha para lograrlo

Copia esta página para usarla en las próximas seis divisiones.

Autogestión financiera

Una de las principales divisiones en la vida de todos es la autogestión financiera. Independientemente de la cantidad de dinero que tengas, debes administrar tus ingresos y gastos para garantizar un flujo de efectivo positivo, y asegurarte de que tienes suficientes ingresos para cubrir tus gastos. También es ideal tener un patrimonio neto positivo: que el valor de lo que posees supere el valor de lo que debes. Un patrimonio neto positivo te proporciona una reserva de la que puedes disponer en caso de que tus gastos superen inesperadamente tus ingresos.

Como parte de tu propio desarrollo, debes incorporar un sistema de autogestión financiera que incluya análisis de patrimonio neto y flujo de efectivo. Necesitas saber el valor de lo que posees frente a lo que debes (patrimonio neto), junto con la cantidad de dinero que ganas frente a lo que gastas mensualmente (flujo de efectivo).

Sorprendentemente, en una encuesta reciente, se descubrió que el 95% de las personas evita analizar detenidamente sus propios recursos financieros personales y el flujo de dichos recursos. Sin embargo, al hacerlo, eliminan masas de estrés y encuentran otros usos para la energía que gastaron en preocupaciones de dinero. De verdad es crucial que lleves un buen control sobre tus finanzas y que apliques tu cerebro a tu gestión financiera personal de manera efectiva.

Ejercicio 3: Análisis del patrimonio neto

Tu valor neto es un reflejo de tu éxito financiero. Muestra cuánto dinero tendrías si vendieras todo lo que posees y pagaras todas tus deudas. Piensa en ello como tu calificación en el área de la administración financiera. Tu patrimonio neto debería aumentar de forma constante durante tus primeros años de vida a medida que acumulas riqueza. A menudo, disminuye después de la jubilación, a medida que disminuyen los ingresos y vives más de tus ahorros, gastando los frutos de tu trabajo para disfrutar más plenamente de tus años dorados. Sin embargo, tu patrimonio neto no tiene por qué disminuir durante tus últimos años: muchas personas continúan obteniendo un ingreso respetable después de jubilarse de sus negocios o de sus inversiones.

El patrimonio neto se vuelve muy importante cada vez que solicitas un préstamo, como una hipoteca sobre una casa. Los posibles prestamistas querrán ver que tengas suficiente patrimonio neto (garantía) para cubrir el monto del préstamo si tus ingresos se interrumpen por algún motivo. El patrimonio neto también sirve como un depósito del que puedes sacar dinero en caso de una pérdida inesperada de ingresos o gastos imprevistos.

Lo que poseo

Para calcular tu valor neto, comienza por sumar el valor de todas tus cuentas de ahorro e inversión y cualquier cosa de valor que poseas, como tu casa, automóvil, yate, joyas, arte, muebles o herramientas. La pregunta que debes responder es esta: si vendieras todo lo que posees, ¿cuánto dinero tendrías?

Propiedad	Valor
Total	

Lo que debo

A continuación enumera y suma el monto de todas tus deudas, incluido el saldo que debes de tu casa, automóvil, tarjetas de crédito y cualquier otro préstamo que hayas obtenido.

Deuda	Cantidad
Total	

Si sabes el valor de lo que posees y cuánto debes, calcular tu patrimonio neto es fácil. Tan solo inserta los números en la siguiente fórmula y haz el cálculo:

activos – pasivos = valor neto

Ejercicio 4: Análisis de flujo de efectivo

El análisis de flujo de efectivo se usa de modo rutinario en los negocios para garantizar que el negocio sea rentable, que haya más dinero que ingresa de las ventas del que sale en forma de gastos. Administrar el flujo de efectivo también es importante para ti, como individuo, para asegurarte de no quedarte sin dinero y no acumular más deudas de las que realmente puedes pagar al mes.

Calcular el flujo de efectivo es fácil. La fórmula básica es:

ingresos – gastos = flujo de efectivo

Para realizar un análisis de flujo de efectivo llena la tabla «Pronóstico de flujo de efectivo» a continuación. Escribe todos tus ingresos mensuales en los espacios proporcionados en la mitad superior de la tabla, debajo del mes en el que esperas recibirlos. Si tienes un trabajo con ingresos regulares y sabes que vas a recibir, digamos, $10 000 cada mes, tu tarea es bastante fácil. Si tienes ingresos estacionales, puedes limitar tus entradas de ingresos adicionales solo a aquellos meses en los que parece seguro que obtendrás trabajo. Si recibes regalos en efectivo por cumpleaños o aniversarios, ingresa esos montos en el mes correspondiente. Recuerda añadir los ingresos en el mes en que esperas recibir el efectivo. En la columna final, la columna total, incluye cualquier saldo bancario, certificado de depósito u otras inversiones. Suma todas las columnas verticales.

Repite el proceso para tus gastos: facturas mensuales de gas y electricidad, pagos de renta o hipoteca, pagos de automóvil, despensa, combustible, costos de viaje, vacaciones y todo lo demás en lo que gastas dinero. Después de sumar las columnas de gastos, resta los gastos totales de los ingresos totales en cada columna y verás lo que tienes al final de cada mes. Si la cantidad restante es positiva, tienes un excedente, un flujo de efectivo positivo. Si es negativo, tienes un flujo de efectivo negativo (fluye más hacia afuera que hacia adentro), lo que suele ser una señal de que necesitas apretarte el cinturón.

Lo que el análisis de flujo de efectivo hace por ti es ayudarte a tomar decisiones clave sobre cómo y cuándo gastar, y cuándo y dónde hacer recortes. Tu pronóstico de flujo de efectivo también te permite identificar periodos en los que puedes gastar más para lograr tus diversos objetivos de vida, incluido el objetivo de pasarla bien.

Pronóstico de flujo de efectivo para el periodo de ____________ a ____________

Mes	En.	Feb.	Mar.	Abr.	May.	Jun.	Jul.	Ag.	Sept.	Oct.	Nov.	Dic.	Total del periodo
Fuentes de ingresos													
Ingreso total del periodo													
Saldo bancario inicial (si estás en crédito) A													
Total B													

Mes	En.	Feb.	Mar.	Abr.	May.	Jun.	Jul.	Ag.	Sept.	Oct.	Nov.	Dic.	Total del periodo
Gastos													
Gasto total del periodo													
Saldo bancario inicial (si estás endeudado) C													
Total D													
Diferencia entre B y D*													

Usos prácticos del análisis de flujo de efectivo

Desarrollar un pronóstico de flujo de efectivo en verdad puede mejorar tu vida. Por ejemplo, un amigo mío vivía con un ingreso mensual regular de alrededor de 4 000 dólares, que él consideraba el mínimo indispensable para subsistir. Sin embargo, recientemente tuvo la oportunidad de tomarse un año y viajar por Europa con un amigo, todo con un presupuesto de 14 000. Ahora bien, este amigo nunca había sido un administrador de dinero particularmente bueno y evitó la planificación financiera durante toda su vida, pero las circunstancias lo obligaron a hacerlo en ese momento y se convirtió, a falta de una mejor descripción, en el controlador: el controlador financiero de ambos. Dividía el dinero en cantidades semanales y mensuales, determinaba sus gastos esenciales y mantenía un control muy estricto. Una especie de guardia bancario no podría haber hecho un mejor trabajo al proteger su dinero.

Para sorpresa de mi amigo, vivir con un presupuesto estricto fue fácil. De hecho, logró mantenerse por debajo del presupuesto durante varias semanas. Cuando lograban estar por debajo del presupuesto, se recompensaban con comidas especiales en restaurantes elegantes. Por el contrario, cuando notaban que estaban gastando demasiado, congelaban sus gastos, se quedaban quietos por un tiempo y vivían de sus provisiones. Descubrieron que muchas de sus mejores experiencias, curiosamente, fueron el resultado de permanecer donde estaban. Fue un excelente ejercicio de autogestión y finanzas que tuvo algunos beneficios sorprendentes.

Los eventos inesperados a menudo traen alegría inesperada. Otra amiga mía fue en un viaje de negocios a Denver. Llegó un domingo para prepararse para los dos intensos días de trabajo que seguirían cuando se desató una repentina tormenta de nieve. Parecía que la nieve nunca se detendría. Los caminos eran intransitables. Las líneas telefónicas estaban caídas. Estaba atrapada en su hotel sin forma de llegar a casa, a sus clientes, a su oficina o a cualquier otra persona que conociera. Para resumir, nunca se había divertido tanto en su vida. El hotel decidió sacar lo mejor de una mala situación y mantener el bar abierto durante las siguientes 48 h. Proporcionaron comidas gratis. La banda que estaba atrapada en el hotel parecía tocar sin parar y todos se conocieron. Los huéspedes y el personal del hotel formaron equipos y tuvieron peleas de bolas de nieve.

El hecho de que tuvieran peleas de bolas de nieve es una indicación de que todos los involucrados pudieron lograr el equilibrio. Eventos fortuitos como estos rara vez les suceden a las personas que dejan que sus habilidades del lado izquierdo del cerebro dominen su vida por completo. Estas personas tienden a planificar en exceso hasta el punto de permitir que su vida se vuelva aburrida y monótona, lo contrario de lo que es y debería ser. Si tú eres el tipo de persona que necesita planificar de manera estricta, entonces programa tu tiempo libre sin nada planeado, como lo hicimos para nuestra organización con el concepto de zona de amortiguamiento. Debes tener ese tiempo libre para permitir que tu cerebro funcione para tu beneficio.

Esta discusión en sí misma es un ejemplo de un ejercicio de rango cerebral libre. Discutíamos el análisis del flujo de efectivo y, de alguna manera, terminamos hablando de viajar por Europa con un presupuesto reducido, disfrutar de una barra libre y participar en guerras con bolas de nieve con otros viajeros.

De hecho, es bueno hacer un viaje adicional siempre que no pierdas el rastro de tu enfoque. Y nuestro enfoque aquí, en este momento particular, es la autogestión financiera. Como decía, cuando tienes tus finanzas bajo control, tienes o tendrás fondos excedentes. Cuando sabes que estos fondos están disponibles, entonces puedes planificar tus compras, inversiones o simplemente elegir gastar esa ganancia inesperada fortuita.

Pon la tecnología a tu servicio

Administrar tus finanzas personales nunca ha sido tan fácil. El software de finanzas personales como Quicken y las transacciones digitales facilitan el seguimiento de los ingresos y gastos en cada categoría, hasta el último centavo. Suponiendo que usas una tarjeta de crédito para pagar la mayoría de tus gastos, puedes hacer que tus transacciones se descarguen de manera automática en tu programa de finanzas personales, por lo que ni siquiera necesitas ingresar transacciones manualmente, aunque es posible que debas asignar transacciones a categorías específicas, como despensa, gasolina y salidas a restaurantes.

La mayoría de los programas de finanzas personales puede usar los datos de tus transacciones para generar una amplia gama de informes para ti, como el valor neto, el flujo de efectivo, los informes de presupuesto y muchos más.

Además, las agencias de informes crediticios pueden proporcionarte tu informe y puntaje crediticios, para que puedas trabajar en mejorar tu calificación crediticia, lo que afecta tu capacidad para pedir dinero prestado, la tasa de interés a la que puedes pedir dinero, y posiblemente, tus primas de seguro. Varias aplicaciones para celular también están disponibles para administrar las finanzas personales y monitorear y mejorar el puntaje crediticio.

Fundamentos de inversión

Los expertos financieros han desarrollado cursos completos y escrito miles de libros sobre inversiones, cubriendo todo, desde lo básico hasta estrategias y técnicas avanzadas. No puedo hacer justicia al tema en el contexto de este libro, pero sí recomiendo que asignes tu inversión en las siguientes tres divisiones en función del riesgo relativo:

- Ahorros en una cuenta bancaria u otra cuenta de bajo riesgo a la que puedas acceder rápidamente para cubrir gastos inesperados y emergencias. Piensa en ello como un fondo de reserva.
- Inversiones de menor riesgo, como bonos.
- Inversiones de mayor riesgo, como acciones: dinero que puedes permitirte arriesgar en busca de un rendimiento significativo.

Lidiar efectivamente con malas noticias financieras

Centrarse un poco en las finanzas parece prudente en apariencia, pero ¿qué sucede si la situación financiera en la que te encuentras es negativa? Si, por ejemplo, tu cerebro descubre que el banco está ejecutando tu hipoteca o embargando tu automóvil o levantando una demanda por tus activos, es probable que eso aumente tu nivel de estrés y degrade tu sensación general de bienestar. En otras palabras, un enfoque en las finanzas no será bueno para tu cerebro, ¿verdad?

La solución es hacer frente a la situación. La autogestión financiera es una de las divisiones de la vida que genera más miedo y estrés; incluso las personas inteligentes, saludables e interesantes tienen problemas con sus finanzas por una razón muy simple: se resisten a aceptar los hechos. O simplemente *esperan* que las cosas se solucionen económicamente; cada vez que las facturas se acumulan, solo tratan de ignorarlas.

Si alguna vez has estado en apuros financieros, sabes que ignorar el problema nunca ayuda. Los problemas persisten y el estrés aumenta. Te preguntas si alguna vez podrás ponerte al día con tus facturas, estás molesto contigo por meterte en esa situación y vives con el temor de que ocurra un desastre que requerirá un gran desembolso de efectivo.

Dicho sea de paso, estos temores se apoderan de las personas en todos los niveles. No es raro encontrar personas con un alto patrimonio neto e ingresos respetables que experimenten una crisis repentina debido a una autogestión financiera deficiente. Le pasó a un amigo mío, presidente de una gran empresa. Una mañana, recibió una llamada desesperada de su hijo en la universidad; el secretario de admisiones de la universidad le había dicho al chico que su padre no había pagado la matrícula y otras tarifas y que, como resultado, no podía asistir a clases hasta que recibieran el cheque.

Mi amigo pudo reunir el efectivo y hacer el pago, pero tener que juntar de repente unos miles de dólares para pagar un gasto inesperado fue un golpe financiero incluso para él, y fue muy vergonzoso. Lo que sucedió fue que, a pesar de que él era el presidente de una empresa, simplemente no había hecho ningún tipo de planificación presupuestaria para su vida personal. Puedes imaginar cómo debe de haberse disparado su nivel de estrés mientras se preocupaba por qué tipo de cosas podrían volver a suceder en el futuro, porque este fue un golpe financiero realmente inesperado.

Ejercicio 5: Gestión del tiempo

Administrar tu vida no se trata solo de administrar el dinero. Implica también la gestión eficaz y eficiente del tiempo. La mayoría de nosotros desperdicia un tiempo considerable en actividades improductivas y, en última instancia, insatisfactorias. Vemos demasiada televisión y pasamos demasiado tiempo en las redes sociales, estamos pegados a nuestros celulares, descuidando por completo el maravilloso mundo real que nos rodea y nos privamos de experiencias y aventuras de la vida real.

Para ver cuánto tiempo estás perdiendo en realidad, pasa la próxima semana registrando cómo usas tu tiempo. Lleva un registro de cuánto tiempo dedicas al trabajo, al desarrollo personal y a otras actividades productivas y significativas, y cuánto de tu tiempo desperdicias viendo televisión, enviando mensajes de texto, jugando videojuegos, etc. Comienza con la tabla de la página siguiente y modifícala para reflejar a qué dedicas tu tiempo.

El propósito de este ejercicio es ver si puedes liberar tiempo para dedicarlo a actividades más productivas y gratificantes. Si, por ejemplo, dedicas mucho tiempo a actividades recreativas y de ocio, pero muy poco a la familia y a los amigos, es posible que tengas un desequilibrio en tu vida que debas abordar.

Actividad	Lunes	Martes	Miércoles	Jueves	Viernes	Sábado	Domingo
Trabajo							
Sueño							
Cuidado personal							
Labores del hogar							
Estudio/tarea							
Voluntariado							
Ejercicio/recreación							
Preparación de alimentos/comidas							
Tiempo libre							
Lectura							
Compras							
Transporte							
Familia/amigos							

CAPÍTULO 7

APRENDER A APRENDER

En una época de cambios drásticos, son los aprendices quienes heredan el futuro.

ERIC HOFFER

Todos asumimos que el aprendizaje es algo natural, ya que tenemos un deseo innato de aprender a gatear, caminar y comunicarnos, y aprendemos cada una de esas habilidades complejas sin ninguna educación o capacitación formal. Sin embargo, cuando llega el momento de aprender matemáticas, ortografía, gramática, ciencias, historia o una serie de otras materias y habilidades, a menudo tenemos dificultades. Incluso tenemos dificultades en nuestras carreras y negocios para seguir el ritmo de la persistente avalancha de información. Y dado que vivimos en la era de la información, ser capaz de aprender y procesar información se ha convertido nada menos que en una habilidad de supervivencia.

Dados los desafíos de aprendizaje que enfrentamos para seguir siendo competitivos en el mundo de los negocios, para funcionar bien en nuestra vida personal y para disfrutar plenamente de todo lo que la vida tiene para ofrecer, necesitamos desarrollar mejores formas de aprender.

En este capítulo describo algunos de los obstáculos comunes para el aprendizaje, ofrezco orientación sobre cómo superar estos obstáculos y presento ejercicios para ayudarte a optimizar tu capacidad innata para aprender.

El alumno reacio

El mayor obstáculo para el aprendizaje es la desgana. Para ilustrar mi punto, comparto mi historia del alumno reacio. Se le puede describir como un estudiante que tiene un examen importante, o un hombre de negocios que necesita revisar materiales para una reunión importante o un informe que debe presentarse en breve. Tal vez te recuerde a alguien que conoces.

Aproximadamente a las seis de la tarde, nuestro individuo bien intencionado, que puede que conozcas bien, se sienta en su escritorio y prepara todo para el evento principal: ordena sus papeles, alinea sus plumas, lápices y gomas, pone la radio de fondo, acomoda los libros, todo en perfecto orden.

Y ahora que todo está en su lugar, lo vuelve a hacer todo. Pequeños ajustes aquí, otros ajustes allá, ordenar sus papeles y herramientas de escritura, cambiar la lámpara del escritorio a una posición mejor, y así sucesivamente. Pero durante este proceso de demora recuerda que no terminó de leer el periódico de esa mañana. Mientras lee las noticias diarias, de repente cierto artículo le resulta mucho más interesante que cuando llegó el periódico en la mañana. Y él sabe que «Bueno, mejor termino de leer este artículo para liberar mi mente y poder concentrarme».

A medida que se acerca al final del artículo, no puede evitar notar algunos otros elementos interesantes que de hecho se había perdido. ¿Y qué es esto en la página de entretenimiento? Hay un programa de televisión y él tiene que verlo porque, si vas a trabajar durante la noche, necesitas algún tipo de descanso. El programa comienza a las 7:00 p. m., dentro de unos 15 min, por lo que no tiene sentido comenzar con el libro. Además, le vendría bien descansar y relajarse antes de ponerse a trabajar en serio. Supone que verá los primeros 15 min del programa y luego se pondrá a trabajar. A las 7:15 p. m. está completamente absorto en el programa, por lo que continúa viéndolo hasta el final, a las 8:00 p. m.

Cuando nuestro amigo bien intencionado regresa al escritorio, hace algo asombroso. Abre el libro, pero luego recuerda esa pequeña llamada telefónica: se suponía que debía ponerse de acuerdo con Bill para ir al partido de básquetbol el viernes por la noche. Y si no llama de inmediato, podrían perder las entradas. Por suerte, Bill tenía mucho más de qué hablar además del juego de básquetbol. Y al igual que el periódico y el programa de televisión, la conversación fue mucho más interesante de lo previsto. Finalmente, a las 8:30 p. m., nuestro amigo se sienta frente al escritorio y se dispone a trabajar, y esta vez lo dice en serio. Abre el libro en la página uno, lo hojea, comienza a leerlo y se da cuenta de que, adivina, tiene un poco de hambre y un poco de sed. Sabe por experiencia que, si no resuelve eso de inmediato, nunca podrá concentrarse.

Va a la cocina, abre el refrigerador y ahí está todo. La primera tentación lleva a otra; y esta, a otra. Y antes de que se dé cuenta, lo que comenzó como un refrigerio se convierte en una comida masiva completa, pero al menos lo sacó de su sistema. Ahora, regresa a su escritorio, absolutamente seguro de que está listo para abordar la importante tarea que se le presenta, y son alrededor de las 10:30 p. m. Se siente un poco culpable, por lo que decide continuar hasta medianoche o, quizá, hasta las 0:30 a. m. del día siguiente. Y una vez más, abre la página uno y vuelve a leer la primera oración, cuando se da cuenta de que toda esa energía que debería estar en su cabeza está en su estómago. Y se siente un poco cansado. ¿Por qué no ver el programa de las 10:30 p. m. que tanto le gusta y darse tiempo para permitir que esa comida se digiera? Y luego, ahora sí, poner manos a la obra. ¿Y qué pasa a medianoche? Allí lo encontramos, profundamente dormido frente al televisor. Nuestro amigo de buenas intenciones, profundamente dormido, está totalmente comprometido a que mañana en verdad se concentrará y estudiará ese libro.

¿Cuál será la reacción de nuestro amigo cuando alguien lo despierte y lo mande a acostarse? Tal vez pensará que, bueno, al menos ya está encaminado, a pesar de que no terminó su lectura. Se relajó, descansó, llenó su estómago, se entretuvo, se ocupó de los planes para el partido de básquetbol. En fin, mañana a las 6:00 p. m. pondrá manos a la obra, en serio.

¿Te suena familiar? Todos hemos estado allí. Todos hemos hecho eso. Pero hay una mejor manera, una manera más eficiente, de abordar cualquier proyecto de estudio.

Miedo al aprendizaje

Sin duda, la historia del alumno reacio nos es familiar a todos. Y hasta cierto punto, es algo divertido. Pero también demuestra cuán creativos podemos ser: creativos en cuanto a encontrar buenas razones para evitar lo que nos parece desagradable. Podemos inventar todo tipo de excusas para no esforzarnos por aprender algo, como el clásico «Mi perro se comió la tarea».

En serio, somos muy ingeniosos cuando se trata de encontrar excusas, lo que demuestra que también tenemos la capacidad de ser creativos en otras áreas. Pero la familiaridad con esta situación también es desalentadora, porque ilustra el miedo que muchos de nosotros asociamos con cualquier tipo de estudio académico. Y uso la palabra «miedo» intencionalmente. El problema no se limita a que no nos guste leer libros de texto e informes: es miedo.

Este miedo se remonta a cuando nos daban libros de texto en la escuela; sabíamos que eran más difíciles que los libros de cuentos que nos encantaba leer. Sabíamos que significaban trabajo y que íbamos a ser evaluados. Nunca superamos del todo ese miedo. De hecho, la amenaza de las pruebas puede alterar por completo la capacidad del cerebro para funcionar bajo ciertas condiciones. Innumerables personas con «ansiedad ante los exámenes» se congelan durante las evaluaciones, a pesar de que conocen el tema a la perfección. Conozco la historia de una estudiante que tuvo un ataque de pánico durante una prueba, que fue totalmente debilitante: no podía recordar nada. Y en el momento en que salió del aula, todas las respuestas regresaron a su cabeza.

Hay casos documentados de personas brillantes que pasaron toda una prueba de 2 h escribiendo frenéticamente, creyendo que estaban respondiendo la pregunta. Y lo que en realidad estaban haciendo era escribir una y otra vez su propio nombre o una sola palabra. Eso sí que es miedo, o tal vez algo peor: terror, terror absoluto.

Saben que, si estudian y obtienen malos resultados en la escuela, se sentirán avergonzados y humillados. Sentirán que todos, incluidos sus maestros, compañeros y padres, pensarán que son estúpidos, tontos o idiotas. El niño puede comenzar a creer que no tiene la inteligencia suficiente para comprender los temas.

Pero los niños son inteligentes. Encuentran formas de evitar el dolor psicológico y emocional de tener un mal desempeño en la escuela. De hecho, lo que muchos estudiantes aprenden en la escuela es cómo no estudiar para evitar las posibles consecuencias del fracaso. Y si el estudiante no estudia y no le va bien, ¿qué más da? ¿A quién le importan esas tonterías de todos modos? Piénsalo, al evitar el trabajo no hay amenaza para su autoestima. Tiene una razón para explicar su fracaso, y sus compañeros la refuerzan. Está mostrando lo valiente que es en una situación que resulta bastante aterradora. Se convierte en un héroe. En otras palabras, se exalta a un niño que evita el trabajo porque se enfrenta a un miedo que los demás niños también tienen. Es por ello que esos niños a menudo son admirados como líderes. Son recompensados por una demostración de coraje, a falta de una palabra mejor.

Incluso las personas que se obligan a estudiar se aferrarán a una parte de sí mismas que emula el comportamiento de los que no estudian. No es raro que los niños que obtienen 8 y 9 en sus exámenes usen las mismas excusas para no obtener 10 que los que no estudian para reprobar.

Secretos de los mejores alumnos

En la educación tradicional se le brinda información al niño partiendo de la suposición de que la información debe fluir del sujeto al individuo. La información, en cierto sentido, es arrojada al estudiante, de quien se espera que absorba, aprenda y recuerde todo. Los descubrimientos recientes sobre el cerebro demuestran que no es así como aprendemos mejor. Lo que hacemos es poner más énfasis en la información que en el individuo, lo cual es erróneo e ineficaz.

Todos en la sociedad actual están inundados de información; el volumen de esta es inimaginable. Estamos pidiendo a la gente que haga frente a esta explosión de información con las mismas habilidades obsoletas que han usado durante siglos, y tenemos que cambiar. Si alguna vez vamos a aprender a manejar el conocimiento y la información que necesitamos, un flujo de datos que aumentará dramáticamente a medida que progresamos como especie, debemos aprovechar lo que ahora sabemos que está dentro de todos nuestros cerebros. Debemos invertir nuestro proceso anterior, y de esta forma aprovechar nuestra capacidad natural para aprender, pensar, recordar, crear, tomar decisiones y resolver problemas. Necesitamos enfocarnos en nosotros y, luego, permitirnos obtener la información de la manera más apropiada y relevante para el cerebro.

Ahí es donde se abre paso el gran cambio en la gestión de la información. Las personas más exitosas son las que aprendieron, por lo general, sin la ayuda de escuelas y maestros tradicionales, que, en lugar de aprender primero hechos sobre otras cosas, deben empezar aprendiendo *cómo* pensar, *cómo* recordar, *cómo* crear, *cómo* resolver problemas. Una persona exitosa es aquella que *aprendió a aprender*. Alvin Toffler, reconocido por *El shock del futuro,* dijo en su libro *El cambio del poder* que, en el futuro, la persona analfabeta no será la persona que no sepa leer, sino la persona que no sepa aprender a aprender.

El enfoque escolar tradicional es una técnica de «cuadrícula», que comprende una serie fija de pasos que deben seguirse sin importar el tema. Algunos maestros sugieren que un texto difícil se lea tres veces para garantizar una comprensión total, pero nunca brindan un enfoque para la lectura. Puede tener sentido leer algo tres veces, pero solo si sabes cómo leer de diferentes maneras según tu propósito.

No se puede aprender todo de la misma manera. Hay un mundo de diferencia entre cómo se estudia un texto sobre crítica literaria y un texto sobre cálculo avanzado. La clave es comenzar a trabajar del individuo hacia afuera. En otras palabras, si quisiera enseñarte cálculo avanzado, no empezaría bombardeándote con libros, fórmulas, teorías y textos. Comenzaría por enseñarte cómo aprender el tema, por enseñarte *cómo* aprendes tú. Tendrías que comenzar el proceso de aprendizaje desde adentro. Tienes que saber cómo funcionan tus ojos cuando lees. Tienes que ser capaz de retener y recordar información. Tienes que aprender habilidades organizativas, técnicas de resolución de problemas y cómo usar mapas mentales.

Hoy en día todo viene con un manual de instrucciones o un kit de uso. Algunos de ellos son tan básicos que comienzas a preguntarte si en verdad era necesario. ¿Qué tan difícil es, por ejemplo, descubrir cómo armar una mesa? Sin embargo, lo que nunca nos han dado es un manual de instrucciones para nosotros mismos. Piénsalo, ¿cómo funciona mejor tu cerebro? ¿Qué puedes hacer para ser más eficiente? Y eso es lo que este programa hace por ti. Proporciona un manual de instrucciones y mantenimiento para el órgano más complejo del mundo: tu cerebro.

Tu cerebro es mucho más complejo que una mesa de cocina. El gran investigador ruso, el doctor Pyotr Anokhin, estudió las capacidades de procesamiento de información del cerebro promedio. Describió la capacidad de creación de patrones del cerebro como «tan grande que escribirlo tomaría una línea de cifras, en caracteres manuscritos normales, de más de 10.5 millones de kilómetros de longitud. Con tal cantidad de posibilidades, el cerebro es un teclado en el que se pueden tocar cientos de millones de melodías, conductas o expresiones de inteligencia. Todavía no existe, ni ha existido, persona alguna que se haya siquiera acercado a usar todo el cerebro. No aceptamos limitaciones en el poder del cerebro. Es ilimitado». Anokhin estaba en lo cierto. Ahora sabemos que el cerebro es científicamente ilimitado.

Todo en mi sistema de poder cerebral está diseñado para eliminar el aburrimiento del aprendizaje y permitir que esa supercomputadora que llamamos cerebro haga el trabajo para el que fue diseñada. Lo que nos lleva a los siete pasos para convertirse en un superprocesador de información:

1. **Navega.** Desarrolla una idea general del material y de si este es fácil o difícil.
2. **Asigna tiempo y cantidad de estudio.** Los límites de tiempo y trabajo aumentan tus niveles de comodidad y confianza.
3. **Haz un mapa mental del tema que vas a estudiar.** Un mapa mental te ayuda a evaluar tu conocimiento actual sobre un tema o lo que crees saber al respecto, lo que te hace más receptivo a la información.
4. **Haz preguntas y define objetivos.** Describe exactamente lo que quieres aprender del material.
5. **Échale un ojo al material.** Lee el primer y último párrafo de cada capítulo, observa las gráficas y las ilustraciones, hojea el glosario en busca de palabras desconocidas.
6. **Lleva a cabo una lectura a simple vista.** Lee lo que es más relevante para ti y lo que creas que es más importante, y sáltate todo lo que ya sepas o que sea irrelevante.
7. **Revisa.** Vuelve a leer cualquier cosa que no quede clara o que hayas pasado por alto. ¿Tienes alguna pregunta sin respuesta del paso 4? ¿Alcanzaste tus objetivos de estudio claramente definidos?

En las siguientes secciones explico cada uno de estos pasos con mayor detalle.

Paso 1: Navega

El aprendizaje comienza mejor con preparación, que se puede comparar con el proceso de seleccionar un libro para leer. Puedes mirar la portada, leer la contraportada y hojear del libro para tener una idea de la historia. Tal vez leas citas de críticos y reseñas de lectores, u hojees las páginas. Estás intentando decidir si el libro es algo en lo que quieres invertir tu dinero y tu tiempo.

¿Es esa la forma en que abordas un libro que deseas utilizar para un proyecto de investigación, por ejemplo, un libro de administración que contiene numerosas teorías que tratan sobre la jerarquía de las necesidades y otros temas complejos de relaciones humanas? Supongamos que tu jefe te entrega un libro y te dice que lo leas y lo resumas. Probablemente te sumerjas de lleno y lo leas de principio a fin.

Sin embargo, con un libro sobre un tema complejo, tomarse el tiempo para tener una idea general de lo que trata el libro es aún más importante. Puedes hacer que la lectura sea más sencilla, rápida y menos aburrida. De hecho, puedes hacer que la lectura sea divertida. Si crees que esa afirmación es exagerada, dejaré que lo juzgues por ti mismo mientras pones en práctica las técnicas que estoy a punto de enseñarte. Estoy seguro de que descubrirás lo que miles de personas han experimentado: este sistema eliminará la monotonía de tu lectura y un bloqueo importante que te impide hacer lo que debes hacer.

Ya sea un libro, un informe de investigación, un documento técnico o lo que sea, dedica un tiempo para familiarizarte con él. ¿Es difícil o fácil? ¿Tienes algún conocimiento del tema?

¿Hay diagramas y tablas que te ayudarán a medida que avanzas? ¿Cuánto, en relación con el texto, necesitas saber? ¿Hay resúmenes, hay un índice? Familiarízate con el libro sin tratar de leerlo palabra por palabra.

A medida que te familiarizas con un libro, antes de leerlo, tu cerebro comienza a construir el marco subyacente para organizar la información presentada en este. La tabla de contenido, por ejemplo, proporciona un esquema para el libro y el índice destaca los temas clave. Es la forma en que el autor dice: «Esto es lo que creo que es importante». Si el libro tiene un índice analítico, también refleja lo que el autor o el indicero cree que es más importante en el libro. En muchos sentidos, el índice analítico es incluso más una guía del libro que el índice de contenido, porque el analítico destaca palabras y conceptos clave con mayor detalle.

Una historia de éxito

Un estudiante de Oxford había pasado cuatro meses batallando con un texto de psicología excepcionalmente difícil, y cuando le faltaban cincuenta páginas, me dijo que estaba «literalmente empezando a perder el control», porque la cantidad de información lo estaba aturdiendo por completo. Como él mismo dijo, estaba «ahogándose con tierra a la vista».

Al final resultó que la razón por la que tenía el problema era que estaba leyendo de la manera en que a todos nos enseñaron a leer: comienza en la página uno y avanza lentamente. Ahora, aunque estaba casi al final del libro, no tenía idea de qué se trataba el último capítulo. ¿Y de qué crees que trataba el último capítulo? Era un resumen completo del libro con todos los puntos clave, todas las gráficas y fórmulas principales, todo lo que en realidad necesitaba saber.

Después de leer ese capítulo, estimó que podría haberse ahorrado al menos 70 h de lectura y tal vez 20 h de tomar notas y meses de preocupación y estrés, si tan solo hubiera sabido cómo usar su cerebro. Todo lo que tenía que hacer era seguir el paso 1 de mis cinco pasos para convertirse en un superprocesador de información. ¡Imagínate lo que podría lograr siguiendo los cinco pasos!

Paso 2: Asigna tiempo y cantidad de estudio

Puedes hacer que una tarea de estudio general sea mucho menos abrumadora siguiendo la estrategia simple de divide y vencerás. Piensa en el alumno reacio descrito al inicio de este capítulo. ¿Cómo crees que su historia habría sido diferente si hubiera seleccionado 12 páginas para completarlas en 45 min? Con este enfoque, ya no se sentiría intimidado por la idea de leer un libro de doscientas páginas, lo cual es una hazaña formidable incluso en las mejores circunstancias. En su lugar, trataría de leer 12 páginas en menos de una hora, lo que sería mucho más manejable.

Podemos lidiar con fragmentos de tiempo y de trabajo de manera mucho más eficaz que cuando nos acercamos a lo que parece ser un proyecto monumental. La fragmentación implica sentarse a trabajar y decidir el periodo que se dedicará al proyecto y la cantidad de contenido que se cubrirá en ese tiempo.

¿Por qué este método funciona mejor que simplemente sentarse y hacerlo? Contestaré esa pregunta después de que completes el siguiente ejercicio.

Ejercicio 1: Reconocimiento de formas

Junto a cada número a continuación (figura 7.1), escribe el nombre de la forma.

Figura 7.1. Reconocimiento de formas.

Los psicólogos de la Gestalt creen que nuestro cerebro tiene una tendencia a completar cosas. Por ejemplo, probablemente etiquetaste las formas en el ejercicio número uno de la siguiente manera: línea recta, cilindro, cuadrado, elipse u óvalo, línea en zigzag o alguna variación, círculo, triángulo, línea ondulada o curva y rectángulo. ¿Pero notaste algo sobre el círculo?

Muchas personas ven el círculo como un círculo completo. Otros lo ven como un círculo roto, pero asumen que se suponía que estaba completo. Nos gusta que las cosas estén ordenadas. Cuando establecemos objetivos, como leer tantas páginas en tantos minutos, vemos un punto de finalización. Tenemos algo a lo que apuntar. Hay un vínculo entre el comienzo y el final que nos anima a completar el trabajo en lugar de deambular por ahí.

Una audiencia responde mejor a una conferencia o presentación cuando adoptas el siguiente enfoque: diles lo que vas a decir, dilo y luego diles lo que dijiste. Dar la conferencia o presentación en un periodo limitado y predeterminado, como 45 min, y comunicarlo a la audiencia de alguna manera antes de que comiences la conferencia o presentación también ayuda. Estas son formas en las que el presentador prepara a la audiencia para el aprendizaje que está por venir. Todo el mundo procesa mejor la información nueva cuando existen pautas y un marco.

Un método que utilizo en la etapa de tiempo y cantidad es separar físicamente las páginas que voy a estudiar con una gran hoja de papel al principio y al final de la sección que voy a abordar. Crear una sección limitada de páginas proporciona dos beneficios prácticos:

- Navegar por una sección es más fácil que navegar por todo el libro. Puedes retroceder en una sección sin perder mucho tiempo tratando de reubicarte.
- Elimina el miedo a lo desconocido. Hay una cantidad específica de trabajo por hacer. Puedes verlo y sentirlo. Un libro entero se siente como amenaza. Estudiar por partes no lo es. Hay una diferencia de actitud en juego aquí que marca una diferencia en el rendimiento.

Ahora, supongamos que planeaste un periodo de estudio de 2 h y, al final de la segunda hora, estás en una buena racha y todo comienza a encajar. ¿Qué harías en ese momento? ¿Continuar ahora que todo está empezando a encajar o tomar un descanso? Recuerda el ciclo de actividad-descanso presentado en el capítulo 1. Incluso si estás teniendo un buen progreso, es importante tomar un descanso para que tu cerebro tenga tiempo de procesar la información e integrarla.

Paso 3: Haz un mapa mental del tema que estás a punto de estudiar

Para que el cerebro procese e integre la información de la manera más efectiva y eficiente, la información debe estar estructurada de tal modo que encaje con la mayor facilidad posible. De ello se deduce que, si el cerebro trabaja principalmente con conceptos clave interrelacionados e integrados, nuestras notas y relaciones entre palabras deberían, en muchos casos, estar estructuradas así en lugar de la forma lineal tradicional.

En lugar de comenzar desde arriba y trabajar hacia abajo en oraciones o listas, las «notas» deben comenzar desde el centro con la idea principal y ramificarse según lo dicten las ideas individuales y la forma general del tema central, como se muestra en la imagen a continuación (figura 7.2), que es un mapa mental para el tema de la exploración espacial.

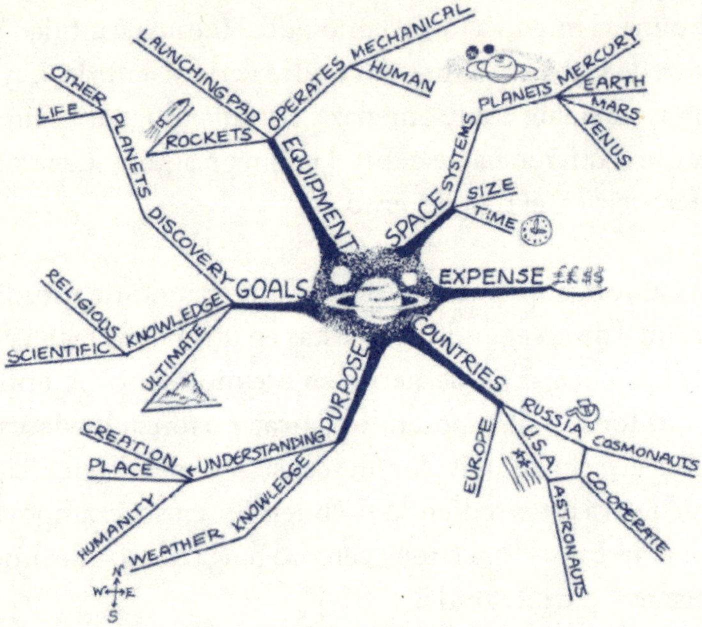

Figura 7.2: Mapa mental con ideas iniciales alrededor de un tema central.

Un mapa mental es simplemente una herramienta para involucrar todas tus habilidades corticales. Usas lógica, palabras, líneas y listas como siempre lo has hecho. Agrega a eso las habilidades corticales derechas de imagen, color, ritmo y dimensión. El resultado es, en lugar de una aburrida lista lineal estándar en blanco y negro, un mapa colorido, gráfico y multidimensional de tus pensamientos.

Un mapa mental tiene una serie de ventajas por encima de la forma lineal de tomar notas.

1. Utiliza colores, lo que mejora la memoria y el recuerdo. Aunque la figura de arriba está en escala de grises, recomiendo encarecidamente el uso de colores, incluida una imagen central colorida.
2. Utiliza imágenes, las cuales involucran al cerebro derecho para mejorar la memoria y el recuerdo, incluida una imagen central para la idea principal.
3. Indica con claridad la importancia relativa de cada idea. Las ideas más importantes estarán más cerca del centro y las ideas menos importantes estarán cerca del borde.
4. Los vínculos entre los conceptos clave serán inmediatamente reconocibles por tu proximidad y conexión.
5. Como resultado de lo anterior, la recuperación y el repaso serán más efectivos y rápidos.
6. La naturaleza de la estructura permite agregar con facilidad nueva información sin tener que tachar o apretar.
7. Cada mapa mental es único, lo que mejora la memoria y el recuerdo.
8. En las áreas más creativas de la toma de notas, como la preparación de ensayos, la naturaleza abierta del mapa permite que el cerebro establezca nuevas conexiones con mayor facilidad.

El mapeo mental involucra a todo tu cerebro para ayudarte a continuar aprendiendo mientras estudias, y es la clave para convertirse en un superadministrador y superprocesador de información.

Hablo de los mapas mentales con mayor profundidad en el capítulo 9. Por ahora, como parte de la fase de preparación para el estudio, no deberías dedicar más de 5 min a tu mapa mental de conocimientos. Mientras te preparas para una sesión de estudio o para leer un libro, simplemente estás utilizando un mapa mental como método para mejorar tu concentración y crear una mentalidad positiva. Por «mentalidad positiva» me refiero a llenar tu mente con información importante relacionada con el tema y no perder el tiempo en material superfluo.

Lo que estás haciendo es forzarte a explorar todo lo que sabes sobre el tema antes de leerlo. Ahora, este paso, que toma de 2 a 5 min, te prepara para el aprendizaje que sigue, y te hace pensar en el tema en cuestión en lugar de en la película que verás más tarde, el amigo al que quieres llamar, etc. Te mantiene enfocado.

Si no sabes nada sobre un tema, haz un mapa mental de lo que crees saber, no importa si tienes razón o no; lo que importa es que estás poniendo el motor en marcha para el evento principal. Estás enfocando la asociación de tu cerebro en la tarea en cuestión.

Otro beneficio es que a medida que integras esta práctica a tu rutina de estudio, desarrollarás una mejor memoria en general, porque estarás haciendo un inventario regular de lo que tu cerebro sabe. Podrás acceder a tus datos al instante desde tu amplia gama de conocimientos. Realmente te sorprenderás en las reuniones, conferencias, la escuela y cada situación en la que te encuentres con tu capacidad para recuperar lo que almacenaste en ese increíble cerebro tuyo.

Paso 4: Haz preguntas y define metas

Este cuarto paso puede parecerte extraño al principio. Después de todo, ¿cómo se puede esperar que hagas preguntas y definas tus objetivos de aprendizaje si ni siquiera has leído el material?

Permíteme responder a esa pregunta con otra: ¿Cómo prueba o refuta un científico una hipótesis? La cuestiona: «¿Qué pasará si muevo esto aquí? ¿Por qué debería haber una reacción? ¿Dónde ocurrirá esta reacción? ¿Quién puede beneficiarse de este hallazgo? ¿Cómo puedo convencer a la comunidad médica de que este proceso se puede replicar? ¿Cuándo son perfectas las condiciones para las pruebas?».

Echa un vistazo al mapa mental presentado en la sección anterior. Puedes escribir tus preguntas directo en el mapa. Por ejemplo, en la rama inferior derecha del mapa, junto a Europa, podrías escribir «¿Quién?» para indicar que deseas saber en específico qué países de Europa participan en el programa espacial. En la rama marcada como «Cooperar», está entre la que dice «Astronautas y cosmonautas», podrías escribir «¿Cómo superar lenguaje?». No pierdas tiempo ni espacio con palabras insignificantes, como «el» o «la», que simplemente abarrotan el mapa (y tu mente).

Si mientras lees descubres otras vías que desees cuestionar, sigue esos caminos de indagación. El aprendizaje es un proceso vivo. A medida que leas o estudies, estarás refinando tus preguntas y objetivos de aprendizaje de todos modos, pero aprenderás a usar las siguientes preguntas con mayor precisión para poder desempeñarte mejor: ¿quién?, ¿qué?, ¿dónde?, ¿cuándo?, ¿por qué? y ¿cómo?

La mayoría de los libros de texto que se usan en las escuelas está mal organizada; colocan las preguntas al final del capítulo cuando deberían colocarlas al principio. Sin embargo, algunos editores de libros de texto tienen la idea correcta: se están dando cuenta de que el aprendizaje se mejora al darle al lector un propósito claramente definido. Los viejos tiempos en los que simplemente nos sumergíamos en la primera página comienzan a darles paso a nuevos descubrimientos sobre cómo aprendemos mejor. Nosotros también necesitamos cambiar la forma en que procesamos la información, al menos hasta cierto punto.

Ejercicio 2: Escribir instrucciones

Una de las mejores maneras de sensibilizarse a la forma en que aprendes es tratar de enseñarle a alguien algo que sabes. Este ejercicio te da la oportunidad de hacer precisamente eso. Imagina que eres un fanático de los rompecabezas y los disfrutas bastante. Cierto día, una amiga tuya llega con una caja enorme envuelta para regalo. Ella te dice que el regalo es conocido como «El rompecabezas más hermoso y complejo jamás ideado». Le agradeces su amabilidad y eliges dedicarte de lleno a este nuevo y maravilloso desafío: completar el rompecabezas.

Para completar este ejercicio, escribe instrucciones paso a paso sobre cómo completar el rompecabezas, comenzando desde el momento en que tu amiga se alejó y dejó el regalo en la puerta.

Pasos para completar el rompecabezas:

1. ______________________________

2. ______________________________

3. ______________________________

4. ______________________________

5. ______________________________

6. ______________________________

7. ______________________________

8. ______________________________

9. ________________________________

10. ________________________________

11. ________________________________

12. ________________________________

13. ________________________________

14. ________________________________

15. ________________________________

16. ________________________________

17. ________________________________

18. ________________________________

19. ________________________________

20. ________________________________

Aquí hay una muestra de uno de mis alumnos:

1. Volver a entrar en la casa.
2. Quitar el listón de la caja.
3. Desenvolver la caja.
4. Desechar el listón y el papel.

5. Mirar la imagen en el exterior de la caja.
6. Leer las instrucciones, concentrándose en el número de piezas y en las dimensiones generales del rompecabezas.
7. Estimar y organizar el tiempo necesario para completarlo.
8. ¡Planificar descansos y comidas!
9. Encontrar una superficie de dimensiones apropiadas para el rompecabezas.
10. Abrir la caja.
11. Vaciar el contenido de la caja en la superficie o en una bandeja aparte.
12. Si es pesimista, verificar el número de piezas.
13. Voltear todas las piezas con el lado ilustrado hacia arriba.
14. Encontrar piezas que vayan en los bordes y esquinas.
15. Clasificar las piezas por color.
16. Unir las piezas obvias.
17. Continuar armando.
18. Dejar las piezas «difíciles» para el final (porque a medida que la imagen general se vuelve más clara y aumenta el número de piezas utilizadas, también aumenta la probabilidad de que las piezas difíciles encajen mucho más fácil, cuando haya un contexto más amplio).
19. Continuar el proceso hasta completarlo.
20. ¡Celebrar!

Es muy probable que tus instrucciones sean muy similares a las instrucciones de mi estudiante. El punto aquí es que, si bien puedes comenzar en la página uno de un libro cada vez, no hay razón para hacerlo. ¿Comenzarías el rompecabezas solo desde la esquina inferior izquierda y te obligarías a tratar de construirlo solo desde ese punto?

Probablemente no. En su lugar, puedes comenzar mirando la imagen en el cuadro para tener un objetivo general en mente. Puedes organizar las piezas en colores y patrones. Luego, puedes colocar las cuatro piezas de las esquinas y completar todos los bordes: superior, inferior, izquierdo y derecho. A continuación, puedes trabajar de afuera hacia adentro o de adentro hacia afuera. Y es probable que primero busques las piezas fáciles. Puedes adoptar un enfoque similar para leer un libro o informe difícil: comienza con la imagen general, que se vuelve más y más clara a medida que unes más «piezas».

Paso 5: Échale un ojo al material

Con el paso 5, ingresas a la fase de aplicación del superprocesamiento de información. En esta etapa estás tratando de obtener una visión general del material. Usando un libro como ejemplo, lo ideal es hojear las partes del libro que no pertenecen al cuerpo principal de la lectura, como las siguientes:

- Síntesis y conclusiones, que resumen lo que se cubre en cada capítulo.
- Texto en recuadro, que a menudo se separa del texto principal para resaltar su importancia.
- Glosarios, que introducen y definen conceptos y terminología desconocidos.
- Tablas, gráficas, fotografías e ilustraciones, que a menudo presentan información en formatos más accesibles.
- Títulos de capítulos y secciones principales, que proporcionan un mapa mental de cómo se estructura la información.

Todos estos son componentes de un libro o informe que te ayudan a completar la imagen central de tu mapa mental y a agregar las ramas principales que fluyen desde esa imagen central.

Mientras lees, concéntrate en el principio y el final de los párrafos, capítulos, secciones especiales e incluso textos completos, porque ahí es donde por lo general se concentra la información crítica. Una revista científica, por ejemplo, puede contener un artículo extenso sobre un experimento. Muy a menudo, el primer párrafo resume el estudio y el último proporciona una descripción general de las conclusiones extraídas del estudio. Si los resultados no fueron concluyentes, es posible que no desees leer el artículo en absoluto, pero al menos tendrás una idea de si el material será valioso para ti.

Leer por encima es aún más importante antes de leer informes o manuscritos relativamente breves que no incluyen notas al pie, estadísticas, índices o resúmenes. Todo escrito tiene párrafos. Lee la primera oración en cada uno. Por lo general, el autor pone sus pensamientos clave en lo que los maestros solían llamar una «oración temática». Puedes buscar allí un sentido de organización y una idea de lo que el escritor considera importante.

El primer y último párrafo tienden a delimitar la lectura y resumirla. Al tener todas estas herramientas en mente, puedes sacarlas y usarlas según corresponda. Ser capaz de aplicar dos o tres de ellas es mejor que no tener ni idea y leer a ciegas.

Una sugerencia más: mientras hojeas, usa una pluma, un lápiz, un palillo chino, una regla o algún otro objeto como marcador visual para seguir las palabras, gráficas, tablas e ilustraciones que estés asimilando. En el siguiente ejercicio explico por qué.

Ejercicio 3: Seguimiento del movimiento de los ojos

Mira la gráfica que aparece a continuación (figura 7.3).

Figura 7.3. Una gráfica sencilla.

Tal vez pienses que tus ojos capturaron una imagen perfecta de la gráfica, que la imagen está grabada en tu memoria como una fotografía, pero lo que estás percibiendo puede ser engañoso. Tus ojos tienden a fijarse en ciertas áreas y luego se alejan. La siguiente imagen (figura 7.4) refleja el patrón real del movimiento ocular no guiado. Como puedes ver, el patrón de movimiento de los ojos entra en conflicto con el patrón de la línea en la gráfica anterior. Como resultado, la imagen grabada en tu mente no es tan clara y nítida como podrías pensar.

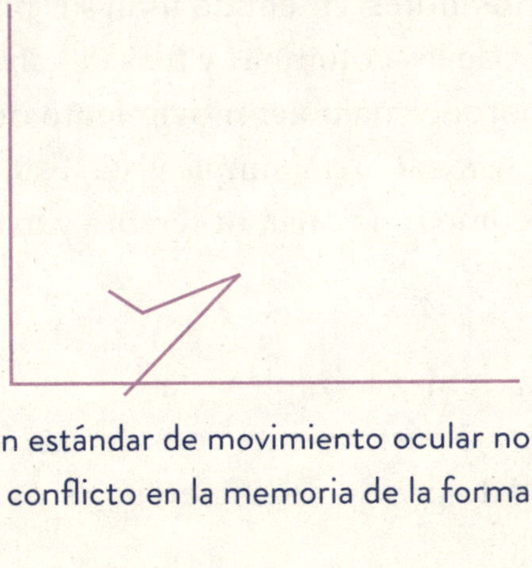

Figura 7.4. Patrón estándar de movimiento ocular no guiado en la gráfica que causa conflicto en la memoria de la forma de la gráfica.

Ahora, con ayuda de una pluma, un lápiz, un palillo chino o algún otro dispositivo señalador, traza la línea en la gráfica. Tus ojos registran no solo la impresión estática de la línea, sino también el movimiento y el flujo del dispositivo que usaste para trazar esa línea. Ahora tienes memoria muscular, memoria visual y tu memoria estándar que, en conjunto, te ayudan a recordar lo que viste.

El uso de un rastreador en verdad mejora la memoria. Con la ayuda de un soporte visual de este tipo, el movimiento de los ojos se aproxima más al flujo de la gráfica y la memoria se fortalece con cada una de las siguientes entradas:

1. La propia memoria visual.
2. El movimiento ocular recordado que se aproxima a la forma de la gráfica.
3. La memoria del movimiento del brazo o de la mano al trazar la gráfica (memoria cinestésica).
4. La memoria visual del ritmo y movimiento del trazador.

El recuerdo general resultante de esta práctica es muy superior al de una persona que lee sin ninguna guía visual. Es interesante notar que los contadores a menudo usan sus plumas para guiar sus ojos a través de las columnas y filas de cifras. Lo hacen de forma natural porque cualquier movimiento ocular lineal muy rígido es difícil de mantener a simple vista. Este es otro ejemplo en el que saber cómo funcionan tu cerebro y tu cuerpo te ayuda a rendir más.

Paso 6: Haz una lectura a simple vista

Con los pasos 1 a 5 básicamente completaste una descripción general y una vista previa del material. Estos pasos te dan el control del recurso, de modo que puedes encontrar en tu propia mente la mejor manera de abordar el material. Es decir, puedes elegir qué leer y cómo quieres leerlo. No todo lo que aparece en un libro o informe es relevante, del mismo modo en que no todo lo que dice un profesor es relevante para ti, o incluso lo que se ve en la televisión, una demostración o un documental.

Por lo tanto, adopta el mismo enfoque con un libro que con un mal presentador o un programa de televisión que pierde tu interés: ignora las partes que no te importan y céntrate en las que sí. Puede que sientas que estás violando una ley no escrita al no leer todo, pero lo superarás.

Con la lectura «a simple vista» estás recopilando información para llenar los vacíos en tu comprensión. Piensa en ello como parte del proceso de armar un rompecabezas después de haber trazado los bordes y establecido las áreas de color. Es posible que ya hayas obtenido todo lo que necesitabas y solo quieras consultar otra información.

El valor de la lectura «a simple vista» es en gran medida cuando se trata de un contenido difícil. Revisa las áreas en las que puedas tener algunos vacíos de información. Como sabes, si le das al cerebro un periodo de descanso, si no te enfrentas a un contenido difícil, a menudo puede dar una respuesta más tarde, del tipo de respuestas que te hacen decir «¿Cómo no vi eso antes?». Además, al tener una mejor comprensión del material circundante, que obtuviste a través de todos los demás pasos, puedes aprovechar la tendencia del cerebro a llenar los vacíos.

La lectura «a simple vista» también puede convertir el estudio en un proceso más creativo. Así como Einstein dio un gran salto (se saltó una gran cantidad de pasos secuenciales al dejar pequeñas cantidades de material), puedes darle a tu cerebro mucha más libertad para usar tu habilidad natural para crear y comprender.

Paso 7: Revisa

La revisión es el paso final. Completaste ya una descripción general, una vista previa y una lectura a simple vista. Si necesitas más información para responder preguntas o completar cualquiera de tus objetivos, realiza una revisión. Es simplemente una cuestión de completar todo lo que aún esté incompleto y verificar las áreas que consideraste más importantes. Por lo general, los primeros seis pasos te ayudan a avanzar al menos un 70% del camino hacia tu meta de estudio, lo que implica una excelente comprensión del material. La revisión no debe implicar más, y por lo general mucho menos, de lo que queda.

CAPÍTULO 8

COMPRENSIÓN AUDITIVA, TOMA DE NOTAS Y LECTURA RÁPIDA

Ahora aceptamos el hecho de que el aprendizaje es un proceso de por vida que implica mantenerse al tanto del cambio. Y la tarea más apremiante es enseñar a la gente cómo aprender.

PETER DRUCKER

La mayoría de la gente estará de acuerdo en que la pérdida de un sentido, como la vista, agudiza mucho el desarrollo de otro, como el oído. Sin embargo, investigaciones recientes indican que esto no es del todo correcto. Puede que sea cierto que la pérdida de un sentido nos obligue a desarrollar al máximo los sentidos restantes, pero cuantos más sentidos tengamos, mayor será el potencial de cada uno. Asimismo, cuantas más técnicas tengamos para recibir y organizar información, mayor será nuestro potencial general para aprender y retener esa información.

En este capítulo cubro tres habilidades más que te convertirán en un excelente procesador de información: escuchar, tomar notas y leer rápidamente. Todas son increíblemente valiosas y por lo general se pasan por alto en cualquier capacitación formal.

Escuchar

Los estudios muestran que, dependiendo de nuestro trabajo, pasamos entre el 50 y el 80% de nuestra vida diaria comunicándonos. En el mundo de los negocios, escuchar a menudo se menciona como una de las tres habilidades gerenciales más importantes; sin embargo, es la menos enseñada de todas las habilidades de comunicación. Oír es tan natural que damos por hecho que escuchamos, pero no son lo mismo. La mayoría puede oír, pero no escucha, no presta atención ni se esfuerza por procesar y comprender lo que percibe.

¿Cómo te calificarías como oyente? ¿Superior, excelente, por encima del promedio, promedio, por debajo del promedio, malo o terrible? Piensa un momento en ello y asígnate una puntuación entre 0 y 100. ¿Cómo crees que te calificaría tu mejor amigo o amiga? ¿Más alto? ¿Más bajo? ¿Igual? ¿Qué hay de tu jefe? ¿Tus compañeros del trabajo? ¿Tus subordinados en el trabajo? ¿Qué hay de tu esposa o esposo?

Creo que las respuestas te resultarán muy interesantes. De cada cien personas que se califican a sí mismas como oyentes, menos del 5% se califican como superiores o excelentes. Un sorprendente 85% se considera promedio o por debajo del promedio. En la escala de 0 a 100, la calificación promedio es de 55. Piensan que sus compañeros y subordinados los calificarían de la misma manera, y que sus amigos y su jefe los calificarían más alto, posiblemente porque tendemos a prestar más atención a nuestros amigos y figuras de autoridad. Al principio de un matrimonio, los miembros de la pareja se clasifican entre sí más alto que ellos mismos, pero a medida que pasa el tiempo, los puntajes que se dan mutuamente caen muy por debajo de los puntajes que se otorgan.

Lo importante es que todos tenemos mucho espacio para mejorar, y cuando mejoramos nuestra escucha, mejoramos todos nuestros sentidos y nuestra capacidad para procesar información a un nivel mucho más alto.

Superar los cinco factores que perjudican la escucha

Para mejorar tu escucha, primero reconoce los cinco factores que se interponen en nuestra capacidad para escuchar y procesar la información que estamos escuchando:

- Impedimentos físicos
- Distracciones
- Aburrimiento
- Olvido
- Audio indistinto

En las siguientes secciones explico cada uno de estos cinco factores con mayor detalle.

Impedimentos físicos

Veamos primero el problema físico. Además de las enfermedades, los problemas de audición se derivan del maltrato que le damos a nuestro increíblemente delicado aparato auditivo. Si lo tratamos como un instrumento musical muy caro y altamente sofisticado, permanecerá en buen estado, por lo que debemos tratarlo como tal. Aquí hay dos precauciones muy importantes que debes tomar en cuenta para proteger tu audición:

- Nunca introduzcas nada más pequeño que tu codo en tu oído para limpiarlo.
- Evita fuentes de ruidos fuertes, incluidos conciertos, aviones y procesos industriales. Y no subas el volumen de tu estéreo, auriculares o televisor. Habla y anima a los demás a hablar en tonos más suaves, sin gritar ni alzar la voz.

Los estudios demuestran que evitar los sonidos fuertes ayuda a preservar la audición. Por ejemplo, la tribu Mabaan, cerca de la frontera con Sudán, tiene un patrón de habla muy suave y tienen mucho cuidado de no causar ningún golpe a su aparato auditivo. Tampoco tienen disminución de la capacidad auditiva con la edad; la audición de sus miembros mayores es tan aguda como la de sus miembros más jóvenes. Cuanto más puedas mimar a tu audición, mejor se conservará.

Distracciones

El segundo impedimento principal para escuchar son las distracciones, que se pueden dividir en ambientales (externas) y mentales (internas). Las distracciones ambientales provienen de los sonidos de fondo, como el tráfico, las multitudes, la maquinaria o la música. Tenemos una asombrosa capacidad para filtrar los sonidos de fondo. ¿Alguna vez asististe a una fiesta en la casa de alguien, una fiesta ruidosa, y la anfitriona dice de pronto: «Disculpen un momento, el bebé está llorando»? Asimismo, una pareja en la misma fiesta no tiene problemas para mantener una conversación en medio del bullicio.

Todos hemos estado en situaciones que son muy ruidosas y caóticas, en las que el cerebro filtra de manera automática todos los ruidos que amenazan con interferir con lo que estamos escuchando. Con el simple hecho de decirte que tu cerebro puede hacer esto, podrás comenzar a eliminar muchas distracciones ambientales que de otro modo habrían interferido con la información que más te interesa procesar.

La próxima vez que estés en una multitud, pon atención a lo que escuchas y lo que no. Descubrirás que, si realmente enfocas tu atención en lo que quieres escuchar, es posible que ni siquiera notes el ruido de fondo. Puedes guiar tu enfoque hacia una conversación que sea importante para ti. Observa cómo tu mente y tu cuerpo se preparan para escuchar, y luego practica esta habilidad cada vez que te encuentres en un lugar donde el nivel de ruido parezca intolerable, o cuando quieras centrar tu atención en algo especialmente importante para ti.

Desafortunadamente, nuestra capacidad para desconectar la entrada de audio también nos hace más susceptibles a la «audición selectiva»: escuchar solo lo que queremos escuchar. Algunos niños son expertos en la audición selectiva. Simplemente ignoran todo lo que les dicen sus padres, maestros y otras personas en posiciones de autoridad. Sin embargo, las personas en relaciones a largo plazo también desarrollan esta habilidad, lo que puede causar estragos en su relación. No es que no oigan; es que no escuchan.

Sin embargo, la audición selectiva puede ser beneficiosa. ¿Alguna vez te dormiste con ruidos increíblemente fuertes, pero luego despertaste de inmediato con la voz suave y agradable de alguien? Ese es otro ejemplo del poder de la audición selectiva, y hay ejercicios disponibles para ayudar a desarrollar esta habilidad. Por ejemplo, si estás en una calle concurrida, quédate allí y escucha los sonidos. Primero, trata de distinguir el sonido de los zapatos de cada persona en el pavimento. Luego, elimina todo lo demás y escucha el sonido de los autos, sus llantas, el sonido único de su motor, las bocinas a todo volumen. Después, descarta todo eso y escucha solo los pájaros, su canto e incluso su vuelo.

¿Puedes distinguir un autobús de un camión? ¿Puedes distinguir una marca de coche de otra? Puedes hacer lo mismo en tu casa. ¿Puedes oír el sonido de la electricidad? ¿Agua? ¿Viento? ¿Movimiento en la casa? ¿Tus mascotas? ¿Otra gente? Esfuérzate por distinguir diferentes sonidos. Será gratificante y también será increíblemente beneficioso para ti. Incluso el silencio tiene un sonido distinto; los ingenieros de sonido a menudo pueden escuchar el silencio durante las pausas en una cinta de audio y decirte en qué estudio se grabaron.

Las distracciones también pueden ser internas. Las distracciones internas a menudo se convierten en un problema cuando estás cansado o estresado. Durante estos momentos, es posible que estés manteniendo diálogos internos o «viendo» escenas que se desarrollan en tu mente que te distraen de lo que sucede a tu alrededor y de lo que estás escuchando. A veces, puedes quedar tan absorto en tus pensamientos que pones el resto de tu vida en piloto automático. Puedes conducir al trabajo, a la escuela o al supermercado sin un solo segundo de pensamiento consciente y llegar a tu destino sin recordar cómo fue el trayecto.

Una de las mejores maneras de superar las distracciones internas es practicar la atención plena: vivir el momento. Deja de pensar en el pasado y el futuro, y enfoca tu mente en lo que estás haciendo en este instante. Los terapeutas se refieren a esto como «estar presente».

También puedes eliminar las distracciones internas usando lo que aprendiste sobre entrenarte para recordar información: la primacía, la inmediatez, la vinculación, lo sobresaliente y el repaso, lo que se explica en el capítulo 4. La memoria y audición están vinculadas de una forma u otra. Si pones esas habilidades a trabajar, eliminarás las distracciones creadas por ti mismo.

Aburrimiento

Un obstáculo común para escuchar es el aburrimiento. Si no percibimos nada interesante, relevante o entretenido en aquello a lo que estamos expuestos, nos desconectamos. Si alguna vez has escuchado un discurso o una presentación aburrida, entenderás lo que digo: tu mente tiende a divagar y no escucha lo que se dice. Nuestra falta de atención es un mecanismo de defensa incorporado contra el aburrimiento. Por desgracia, no siempre podemos simplemente desconectarnos, ya que es posible que necesitemos la información que nos parece aburrida, por lo que debemos tener una solución para hacer que lo aburrido parezca menos tedioso.

Una cura para el aburrimiento es desafiarse a comprender completamente lo que se dice. Mientras la persona habla, no te limites a tomar notas. Anota preguntas también. Haz que tus notas sean entretenidas poniendo lo que dice el orador en tus propias palabras. En lugar de tomar notas detalladas, escucha durante varios minutos sin escribir nada y luego escribe un breve resumen de lo que se dijo o presentó. Permanece atento a cualquier cosa de valor en el discurso del orador: imagina que estás en una búsqueda del tesoro.

Otra cura para el aburrimiento es convertirse en crítico. Busca cualquier cosa que la persona esté diciendo con lo que no estés de acuerdo; desbarata lo que propone el hablante: cuestiona el tema constructivamente; contrasta lo que se dice con tu propio sistema de creencias; escribe ideas sobre cómo el orador podría haber hecho la presentación más interesante. Esto se llama escucha activa: al buscar algo para criticar, enfocas tu mente en asimilar, procesar y comprender por completo lo que se dice para ofrecer una refutación efectiva. Esto mantiene tu mente ocupada activamente, lo que evita que te desvíes.

Olvido

¿Alguna vez te han presentado a alguien y unos segundos después ya olvidaste su nombre? ¿Alguna vez has hablado con alguien y luego no puedes recordar mucho de lo que dijo? No es que no escuchemos lo que dice la otra persona; es que no nos importa, o estamos tan concentrados en lo que vamos a responder que nos esforzamos poco en procesar o recordar lo que nos dicen. Como resultado, nos involucramos en conversaciones que son una completa pérdida de tiempo, para nosotros y para los demás.

Tengo dos sugerencias para superar este tipo de olvidos o, más precisamente, falta de concentración:

- Trabaja en tu automotivación. Esta es una habilidad para escuchar. Crea el estado de ánimo necesario para escuchar practicando escuchar; crea tus propios ejercicios de escucha en el trabajo, en trayectos, en fiestas y con pódcast u otras formas de audio; ponte a prueba; oblígate a concentrarte y tu escucha mejorará.
- Concéntrate en la selección de claves: vincular palabras clave con imágenes. Recuerda que la memoria no es lineal. Tu mente no recuerda listas, líneas u oraciones completas con mucho detalle. Funciona mejor conectando palabras con imágenes mentales y conceptos. Mientras escuchas a la persona o participas en una conversación, crea un patrón vinculado en tu mente: un mapa visual de ideas.

Al practicar estas técnicas, mejorarás no solo tu capacidad para recordar información, sino también tu capacidad para comprender lo que estás escuchando y hacer preguntas inteligentes. Notarás una mejora tanto en las interacciones profesionales como personales.

Audio indistinto

El audio indistinto involucra sobre todo a personas que hablan en voz baja o que no enuncian correctamente cuando hablan. Si alguna vez no puedes entender lo que alguien está diciendo, lo mejor tanto para ti como para la otra persona es decir algo al respecto. Tan solo di algo como «Disculpa, me cuesta trabajo escuchar lo que dices».

En la mayoría de los casos, los oradores quieren que escuches y entiendas lo que están diciendo, por lo que se ajustarán en consecuencia, hablando más alto o más claro, y les dará gusto que se lo señalaras.

Trastorno del procesamiento auditivo (APD)

El problema no siempre está en el hablante. Existe un trastorno médico que puede afectar la capacidad de una persona para distinguir entre sonidos. Las personas que sufren de trastorno del procesamiento auditivo tienen problemas para distinguir diferencias sutiles en los sonidos. Tu amigo sugiere: «Vamos por un café», y tú escuchas: «Vamos, ya me zafé». O alguien dice: «Me gustan tus zapatos», y tú escuchas: «Me gustan los patos».

Podríamos describir esto como «audición creativa», pero en realidad es una condición médica que afecta aproximadamente al 3-5% de los niños en edad escolar, que no pueden entender lo que escuchan de la misma manera que lo hacen otros niños. No es que su aparato auditivo esté dañado, sino que su cerebro malinterpreta la entrada de audio, en especial el habla. Por lo tanto, los niños con APD no tienen problemas para aprobar sus pruebas de audición, pero a menudo tienen dificultades para seguir instrucciones y comunicarse de manera efectiva.

Del mismo modo, a medida que las personas envejecen, pueden tener más dificultades con el procesamiento auditivo que con la audición real, y es importante distinguir entre los dos. Darle un audífono a alguien con un trastorno del procesamiento probablemente no sirva de mucho. Lo que puede ayudar es eliminar las distracciones y poder ver a la persona que está hablando, de modo que el movimiento de los labios de la persona pueda confirmar lo que está diciendo.

Las 20 claves para una escucha efectiva

A lo largo de mi trayectoria ayudando a personas de todos los ámbitos a mejorar su capacidad auditiva y memoria he identificado 20 claves para escuchar de manera efectiva. Practica tantas de estas como sea posible, cuanto más puedas ponerlas en práctica, más hábil serás para recopilar y procesar información oral. Estas son las 20 claves para una escucha efectiva:

1. Cuida tu aparato auditivo, que es mucho más sofisticado y delicado de lo que crees. Si alguien cuestiona tu capacidad para oír, visita a un otorrinolaringólogo o a un audiólogo para que te revise la audición.
2. Entrénate para escuchar analíticamente. Practica escuchando una cacofonía y cambiando tu atención de uno a otro.
3. Mantén buena salud física. Mente sana, cuerpo sano. Cuando estás en buena forma física, sobre todo en forma aeróbica, todos tus sentidos mejoran, en especial tu audición.
4. Escucha de manera oportunista. Incluso cuando estés aburrido, pregúntate: «¿Qué hay para mí?». En otras palabras,

sé positivamente egoísta. Piensa que obtendrás algo de lo que se diga. A menudo, en las áreas donde menos esperamos obtener algo es donde recibimos el mayor valor, siempre y cuando estemos prestando atención.

5. Escucha más de lo que hablas. Shakespeare dijo: «A todos presta oídos, pero a pocos tu voz», es decir, escucha mucho más de lo que hablas. Trata de abstenerte de emitir juicios hasta que comprendas lo que dice el orador y hayas obtenido algo de ello. Abstente de reaccionar hasta que hayas escuchado la historia completa.
6. Escucha con optimismo. Si entras con la idea de que tienes la oportunidad de obtener algo, aumenta enormemente la posibilidad de que así sea. Y si tienes la actitud correcta, toda la experiencia será considerablemente más placentera.
7. Desafía a tu cerebro. Puedes estimular tu cerebro y mejorar tu capacidad de aprendizaje si lo expones de vez en cuando a temas más avanzados. Exponer a tu cerebro a temas desafiantes puede ser difícil, pero mantiene tu entusiasmo y tu capacidad para escuchar y aprender.
8. Haz un esfuerzo consciente por escuchar. Simplemente decide que esto es parte de tu arsenal de procesamiento de información y que serás un oyente activo. No solo fingirás; estarás realmente activo.
9. Usa la sinestesia, la habilidad mental para combinar tus asombrosos sentidos. Cuando escuches, asegúrate de participar, de bloquear tus otros sentidos, sobre todo la vista. Cuanto más vincules las palabras con otras palabras y sensaciones, mejor escucharás, mejor será tu atención, mejor será tu comprensión y mejor será tu aprendizaje general.
10. Mantén una mente abierta. No permitas que tus emociones te dominen. Sé objetivo sin importar lo que diga el orador.

Dicho de otra forma, trata de interpretar sus palabras de manera positiva incluso si no estás de acuerdo, es mejor mantener la mente abierta.

11. Usa tu velocidad cerebral natural. Puedes escuchar de cuatro a diez veces más rápido de lo que habla la persona promedio. Por eso, tendemos a soñar despiertos. En su lugar, utiliza la velocidad de tu cerebro para anticipar, organizar, resumir, sopesar, comparar e interpretar el lenguaje corporal. Todo esto te ayudará a concentrarte.
12. Juzga el contenido, no cómo se presenta. La estatura, el peso, la postura, el acento, la ropa y el peinado del orador no son importantes para el tema. Escucha el mensaje.
13. Escucha las ideas. Tu cerebro funciona mejor cuando puede captar el todo en lugar de simplemente partes, así que escucha los temas centrales en lugar de los hechos individuales. Una comprensión fundamental del tema principal proporciona un marco para organizar y comprender los detalles.
14. En lugar de escribir una lista de notas, crea un mapa mental. Dibuja una imagen en el centro para representar la idea principal y luego coloca las palabras clave para recordar que se ramifican desde esa imagen central. Mediante el uso de un mapa mental, aumentarás drásticamente tu asimilación, comprensión, retención y, obviamente, tu memoria. Los mapas mentales involucran a tu cerebro izquierdo y derecho. Y como sabes, eso mejorará tu rendimiento general de escucha y recuperación.
15. Ignora las distracciones. Ten en cuenta que no dije «evita las distracciones», porque eso no siempre es posible. Dije «ignora». Recuérdate que puedes bloquearlas conscientemente; tu cerebro puede filtrar cualquier cosa a la que no quiera que prestes atención si se lo permites.

16. Toma descansos cuando sea posible (no cuando el orador esté hablando, obviamente). Dale a tu cerebro tiempo para integrar todo y crear más oportunidades para la primacía y la inmediatez (abordado en el capítulo 4).
17. Usa tu imaginación. Tal vez pienses que escuchar es una actividad del cerebro izquierdo porque se trata de palabras, pero puedes convertirla en una actividad cerebral completa creando imágenes mentales de las palabras y las ideas que estás recibiendo.
18. Escucha con postura activa. Tu antigua maestra de escuela primaria probablemente llegó a regañarte y decirte que te sentaras bien, porque sabía (y tenía razón) que encorvarse en realidad resta valor a tus habilidades auditivas. No necesitas estar rígidamente erguido, solo derecho y alerta.
19. Ten en mente que puedes mejorar con la edad. La idea de que la memoria se deteriora con el envejecimiento es un mito. Tus habilidades para escuchar y tu memoria mejorarán si se les brinda el entorno mental adecuado y si practicas estos 20 principios para escuchar bien.
20. Practica hablar. Esto te brinda la perspectiva del otro lado del podio. Con el conocimiento que tienes ahora acerca de cómo las personas escuchan mejor, trabaja en tus habilidades para hablar y conviértete en un comunicador completo. Los que hablan bien también escuchan bien.

Tomar notas

Tener buenas habilidades de escucha puede aumentar tu desempeño en la escuela y el trabajo, y ayudarte a construir relaciones más sólidas con una mejor comprensión, así que imagina cuánto mejor lo harías si tuvieras un sistema para tomar notas que pudiera ayudarte a recordar todo. Algunas personas toman notas solo para descubrir más tarde, al consultarlas, que no tienen idea de a qué se refieren. Es como si ni siquiera hubieran estado presentes en la reunión o presentación donde tomaron las notas.

Palabras y sus ganchos

Si buscas mejorar tus habilidades para tomar notas, tener una comprensión básica de la naturaleza de las palabras puede ser de gran ayuda. Procesar información, es decir, comprender la forma en que tu cerebro toma los miles de millones de bits de datos que recibe a diario, es posiblemente una de las cosas más importantes que descubrirás sobre tu cerebro.

Cada palabra, cada color, cada número, cada sonido es lo que se conoce como «multiordenado». Por ejemplo, cada palabra es como un pequeño núcleo rodeado por una multitud de ganchos. Estos ganchos permiten que la palabra se adhiera y se asocie a otras palabras, imágenes y datos sensoriales, para dar a la palabra y a lo que sea que esté unida diferentes significados y acepciones.

Piensa en la palabra «correr», por ejemplo. Un gancho para «correr» puede ser correr una carrera. Otro puede ser correr a alguien del trabajo. Otro significado podría ser echar a correr un programa o correr las cortinas. Del mismo modo, cada cerebro es diferente, incluso si dos personas disfrutan de la misma experiencia al mismo tiempo, se encuentran en universos muy muy diferentes, lo que significa que cada persona tendrá una asociación para toda palabra e información que será diferente de la impresión de cualquier otra persona.

Por ejemplo, tomemos otra palabra: «hoja». Habrá una serie de imágenes diferente para cada persona que la lea o escuche. Para una persona, la palabra «hoja» puede evocar la imagen mental de un árbol cubierto de hojas verdes. Otra persona puede imaginar un montón de hojas de otoño, marrones, rojas y amarillas. A una tercera, la palabra le puede recordar que necesita barrer las hojas de su patio o limpiar las hojas de sus canaletas. Alguien más puede haberse caído de un árbol y asociar las hojas con el dolor. Y otra persona podría asociar esta palabra con algo completamente distinto, como la hoja de un libro, una hoja de afeitar, una hoja de cálculo, etcétera.

Cada uno de nosotros tiene sus propias asociaciones. La mente escoge los ganchos que son más obvios o sensacionales, o aquellos que evocan las imágenes más vívidas o las emociones más fuertes. Y desde ese gancho, la mente es conducida por un camino mucho más creativo que el mero recuerdo.

Desafortunadamente, la mente por sí sola puede armar una historia que resulte interesante, pero que tal vez no sea útil para recordar. Entonces, cuando estés tomando notas, usa palabras clave para recordar en lugar de palabras clave creativas. Por ejemplo, supongamos que estás escuchando una composición musical y quieres describirla usando palabras que te ayuden a recordar la composición. Una palabra como «extraña» no es lo suficientemente específica para ser una palabra clave para recordar. No trae a la mente una imagen específica, que es lo que necesitas. La palabra «barroco», por otro lado, sería una palabra de recuerdo más efectiva porque vincula la composición musical a otras piezas de música, arte y arquitectura barrocas.

La toma de notas eficaz se basa en recordar palabras clave muy descriptivas. Una sola palabra o frase clave debe traer de vuelta toda una gama de experiencias y sensaciones. No es necesario escribir oraciones completas para recordar lo que escuchaste o viste. De hecho, es contraproducente. Lo que es más efectivo es usar palabras y ganchos para crear enlaces memorables.

De hecho, alrededor del 90% de las palabras que normalmente se usan para tomar notas son innecesarias para recordar. Eso significa que pierdes el tiempo escribiendo las palabras y, en el proceso de escribirlas, estás desviando tu atención de lo que estás leyendo o escuchando. Cuando revisas tus notas más tarde, pierdes el tiempo releyendo y examinando muchas palabras innecesarias para encontrar las palabras clave que recuerdas.

Además, las conexiones entre las palabras clave se ven interrumpidas por palabras que las separan y, dado que la memoria funciona por asociación, las palabras innecesarias debilitan la conexión entre las palabras clave, lo que perjudica la memoria y el recuerdo. Y el hecho de que las palabras innecesarias separen las palabras clave significa que perderás más tiempo pasando de una palabra clave a recordar a la siguiente, lo que resulta en menos posibilidades de que se establezca la conexión.

Al comprender el concepto de la palabra clave, estás dando un gran paso en tu capacidad para procesar fácilmente la información, y también aprenderás a recibir información a una velocidad absolutamente increíble.

Ejercicio 1: Toma de notas con palabras clave para recordar

En su exitoso libro *Del caos a la excelencia,* Tom Peters, un importante consultor de negocios, dice lo siguiente sobre escuchar:

> Conviértete en un oyente compulsivo. Los líderes exitosos de hoy en día trabajan diligentemente para involucrar a otros en su causa. Por extraño que parezca, la mejor manera de involucrar a los demás es escuchándolos, escuchándolos en serio. Si hablar y dar órdenes fue el modelo administrativo de los últimos cincuenta años, escuchar a mucha gente es el modelo de la década de los noventa y más allá.

Para este ejercicio debes pedir la ayuda de alguien para que desempeñe el papel de tu gerente en el trabajo, quien te dará instrucciones verbales sobre cómo llevar a cabo unos talleres. Tu gerente leerá en voz alta los dos breves párrafos de texto que siguen a este párrafo; no los leas tú mismo. Mientras escuchas, escribe notas clave para recordar en el espacio proporcionado después de esos dos párrafos. Si puedes combinarlas en forma de mapa mental, genial. Si no, no te preocupes; trabajarás en los mapas mentales con más detalle en el próximo capítulo. Escucha solo una vez como si tu gerente te estuviera dando instrucciones, recuerda que la idea central es el taller, así que toma notas alrededor de esa idea central. Cuando tu «gerente» haya terminado de leer y tú hayas completado tus notas, úsalas para responder las preguntas que siguen. ¿Listo? Aquí están los dos párrafos que tu «gerente» necesita leerte:

> Ambos conducirán nuestro próximo taller el 18 de marzo, creo, sobre nuestros beneficios corporativos por discapacidad. Dado que los participantes tendrán que completar algunos ejercicios y deben llevar su mensaje a sus departamentos y poder responder cualquier pregunta sobre los beneficios, es importante que establezcan un buen ambiente de aprendizaje para ellos. Los primeros minutos de cualquier taller son realmente importantes, por lo que deberán hacer que los comentarios introductorios sean interesantes y relevantes y que no tomen más de 7 min. Y como hay 53 personas en el taller, uno de ustedes, el que no esté presentando, debe estar revisando el lenguaje corporal del grupo, para determinar si están entendiendo todo o no.
>
> Quiero que cada participante sea recibido personalmente por ustedes. La gente reacciona bien a un apretón de manos y

una sonrisa. Asegúrense de que la habitación sea cómoda y que todos sepan dónde están las distintas instalaciones. Asegúrense de anunciar los horarios para el descanso y el almuerzo. Tengo que advertirles que muchas de las personas que asistirán no quieren estar allí. De hecho, escuché que el departamento de *marketing* casi tuvo un combate cuerpo a cuerpo sobre qué supervisor debía asistir. Ahora son las 10:30 y tengo que reunirme con Ted sobre nuestro presupuesto para el año fiscal. Necesitamos reunirnos de nuevo para revisar nuestros objetivos para la reunión. ¿Pueden reunirse conmigo aquí, digamos a las 2:00 de la tarde?

Tus notas

Ejercicio 2: Responde las preguntas con base en lo que escuchaste

Usando las notas que tomaste al escuchar a tu «gerente», responde las siguientes preguntas:

1. ¿Cuál es el tema del taller? ______________________________

   ____

2. ¿Qué se espera que hagan los participantes del taller cuando regresen a sus departamentos? ______________________________

   ____

3. ¿Cuántas personas habrá en el taller? ________________

4. ¿Cómo se debe saludar a los participantes? ______________

   ____

5. ¿Cuánto debe durar la introducción? ________________

6. ¿Qué departamento tiene una pelea sobre quién asistirá?

   ____

7. ¿Cuándo quiere el gerente seguir con la discusión?

   ____

Supongo que respondiste correctamente a la mayoría de las preguntas. Si no lo hiciste, no te desesperes; mejorarás con la práctica. Pero haz la prueba de escuchar a alguien que no haya tomado notas de palabras clave y ve qué tan bien lo hace. Te impresionará la diferencia.

Revisa tus notas. Si aún no estás seguro de las respuestas, pídele a tu «gerente» que lea en voz alta los dos párrafos de nuevo mientras tú agregas información a tus notas.

Ejercicio 3: Mapa mental de notas siguiendo las 20 claves para una escucha efectiva

Con base en las notas que tomaste, crea un mapa mental que te ayude a recordar las instrucciones del taller y la orientación que te brindó tu «gerente». O regresa a este ejercicio después de leer el capítulo 9, donde brindo orientación adicional sobre el tema de la creación de mapas mentales.

Tu mapa mental de una escucha efectiva.

Lectura rápida

La mayoría de las personas intuye que podría leer mejor. Algunos dicen que tienen un problema de visión. Otros tienen problemas con la velocidad, la comprensión o la memoria. Algunos se quedan paralizados ante la idea de leer, en especial si se trata de un gran libro o informe. Algunas personas se desaniman por el estilo de un autor. Algunos no conocen el vocabulario, y así sucesivamente. Ninguno de estos problemas es tan monumental que no se pueda superar.

El origen de las dificultades de la mayoría de las personas con la lectura se remonta a cómo se le enseñó a leer. Durante las últimas dos décadas hemos logrado grandes avances en la comprensión de cómo funciona el cerebro, pero casi nada de eso se incorporó a nuestro aprendizaje temprano. A nuestros hijos todavía se les enseña como a nosotros, como a nuestros abuelos, como se ha enseñado durante siglos: el método de ver y repetir como pericos, a falta de un término mejor.

Otro método destacado es la fonética. Aprende el sonido de cada letra del alfabeto, luego combina las letras para formar sílabas y luego palabras cada vez más difíciles, por ejemplo, «g-a--t-o», «ga-to», «gato». En realidad no hay nada malo con estos métodos. Es solo que no enseñan todo el proceso de lectura: no enseñan velocidad; no enseñan retención; no enseñan a recordar; no enseñan la selección, el rechazo, la toma de notas, la concentración, la apreciación, el análisis, la organización, la motivación, los estilos de tipografía efectivos y muchos otros factores que impactan el proceso de lectura en general, y que de hecho *son* el proceso de lectura. Ya aprendiste cómo el cerebro aborda la cantidad de procesos que acabo de mencionar, pero uno que aún no hemos tratado es la velocidad de lectura. Y la verdad es que puedes leer mucho más rápido de lo que lees ahora... puedes hacerlo.

Aplicaciones de lectura rápida

Hoy en día, las personas leen de todo en sus teléfonos inteligentes, desde publicaciones de blogs hasta libros completos, por lo que no debería sorprendernos que el enfoque de los programas de lectura rápida también se esté trasladando a los teléfonos inteligentes. Existen muchas aplicaciones de lectura rápida, incluidas las siguientes:

- **Speed Read.** Incluye un botón de reproducción que activa un indicador que se mueve por el texto para guiar tu lectura. Puedes tocar el botón + o – para aumentar o disminuir la velocidad del indicador. Las funciones adicionales te permiten marcar y resaltar texto e incluso hacer que el libro se lea de manera oral.
- **Reedy.** Te permite leer libros y archivos web en múltiples formatos, ajustar la velocidad, avanzar o retroceder y verificar el tiempo para completar tu lectura según tu velocidad y las palabras restantes. De forma predeterminada, disminuye la velocidad de lectura para palabras complejas y puntuación.
- **Quickify.** Te permite leer contenido de páginas web y la mayoría de los formatos de archivo, marcar contenido y hacer que se te lea el texto oralmente. También organiza todo tu contenido en una biblioteca para facilitar el acceso.

Comprender el movimiento de los ojos en la lectura

Lo que a menudo atrasa el proceso de lectura es la falta de fluidez en el movimiento de los ojos. Cuando se le pide que muestre con su dedo índice el movimiento y la velocidad de sus ojos mientras lee, la mayoría mueve sus dedos en líneas suaves de izquierda a derecha, con un salto rápido desde el final de una línea hasta el comienzo de la siguiente, como se muestra en la figura 8.1, y cree que gasta entre un cuarto de segundo y un segundo completo por línea.

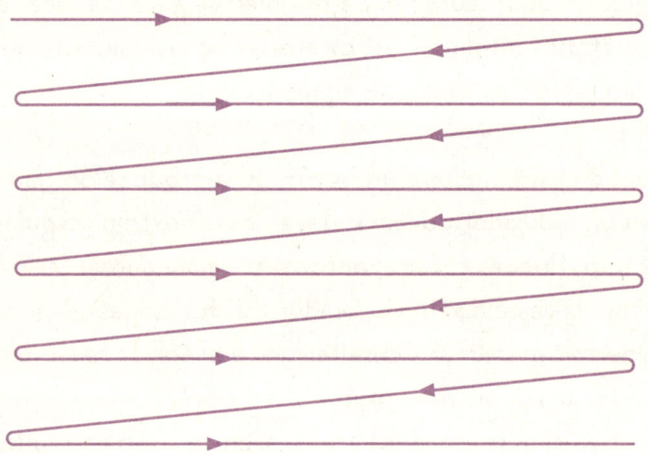

Figura 8.1. Cómo las personas que no conocen el movimiento de los ojos piensan que sus ojos se mueven cuando leen una columna de texto. Se cree que cada línea se cubre en menos de un segundo.

Pero está equivocada. Si se pudiera leer una línea estándar en un libro de tamaño estándar por segundo, se estaría leyendo a una velocidad de alrededor de 600 a 700 palabras por minuto (ppm), pero la persona promedio lee alrededor de 250 ppm. Entonces, la gente piensa que está leyendo más rápido de lo que realmente lee. Y aquí hay otra falacia. Si las personas realmente movieran los ojos tan suavemente sobre una página impresa, no estarían leyendo. El ojo puede ver claramente solo cuando está detenido. Si observas la figura 8.2, verás cómo funcionan realmente los ojos. En lugar de moverse en líneas suaves, realizan una serie de fijaciones en cada línea de impresión. Deben hacerlo, porque de otro modo no podríamos ver. Los lectores lentos hacen muchas más fijaciones que los lectores rápidos.

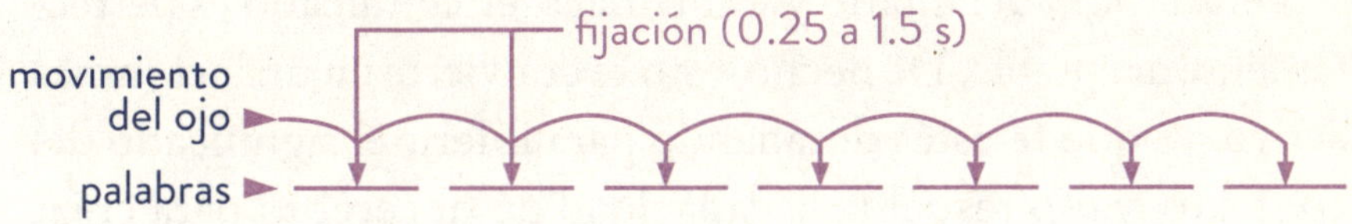

Figura 8.2. Diagrama que representa el movimiento intermitente de los ojos durante el proceso de lectura.

Los saltos en sí son tan rápidos que casi no toman tiempo, pero las fijaciones en palabras o frases sueltas pueden tomar entre un cuarto de segundo y un segundo y medio. Una persona que normalmente lee una palabra a la vez y que se salta palabras y letras, como se muestra en la figura 8.2, se ve obligada, por las simples matemáticas de sus movimientos oculares, a velocidades de lectura que a menudo están muy por debajo de las 100 ppm, lo que significa que no podrá entender mucho de lo que lee ni podrá leer mucho.

Secretos para leer más rápido con mejor comprensión y retención

Puedes entrenarte para leer más rápido y con una mejor comprensión practicando las técnicas descritas en las siguientes secciones.

Lee para obtener una comprensión general del tema

Uno de los problemas que tienen los lectores lentos es que repasan palabras y frases que no entienden. El 90% de esta regresión se debe al deseo de comprender por completo el significado de las palabras y frases, lo cual no es necesario para una comprensión general del tema. El otro 10%, las palabras o el contenido que en verdad no comprendas, se puede anotar en forma de mapas mentales para revisarlos más tarde.

Pensar por adelantado y «adivinar» el significado es perfectamente aceptable. De hecho, esto te convierte en un lector más activo, ya que te estás desafiando para inferir el significado del contexto, y eso respalda la capacidad de tu cerebro para crear vínculos para una mejor retención y recuerdo.

Reduce el tiempo que dedicas a cada fijación

La fijación en palabras específicas oscila entre un cuarto de segundo y un segundo y medio. No necesitas dedicar tanto tiempo a cada palabra. Trata de esforzarte por hacer una fijación de alrededor de un cuarto a medio segundo por palabra.

Si bien eso puede parecer demasiado rápido al principio, en realidad no lo es. Las pruebas demostraron que el ojo puede captar hasta cinco palabras en una centésima de segundo. Ahora, un lector lento se fijará hasta quinientas veces por página. Eso es muy lento. Un lector mejor y más rápido leerá la misma página en quizá cien fijaciones. Entonces, suponiendo que ambos lectores dedican medio segundo por fijación, el lector más rápido es 200 s más rápido por página, ¡eso es 3 min 20 s más rápido por página! Si ambos estuvieran leyendo la misma novela de trescientas páginas, el lector más rápido ahorraría 1 000 min. ¡Más de 16 horas!

De ello se deduce que el lector más rápido conserva energía y no se cansa tan rápido como el lector más lento. Menos fijaciones dan como resultado un uso mucho más eficiente de los músculos oculares, lo que resulta en menos tensión. Y menos tensión hace que la lectura sea físicamente más fácil. Obtienes todas las ventajas.

Asimila más palabras por fijación

La tercera forma de mejorar drásticamente tu velocidad de lectura es captar de tres a cinco palabras en una sola fijación. La mente puede lidiar igualmente bien con grupos de palabras que con palabras sueltas. Cuando leemos una oración, no leemos el significado de cada palabra individual, sino el significado de las frases en las que están contenidas las palabras.

Usa tu dedo para entrenarte para leer más rápido

Tu maestro de primaria probablemente llegó a indicarte que no usaras tu dedo para señalar las palabras de un libro mientras leías porque esto te demora. Ahora sabemos que tu maestro de primaria estaba equivocado. Señalar, cuando se hace correctamente, no ralentiza el ojo. Lo que tu profesor debería haberte dicho es que movieras tu dedo más rápido a lo largo del renglón. Un dedo, un lápiz, una pluma o cualquier tipo de ayuda visual sirve para guiar el ojo. Los estudios muestran que el movimiento de los ojos es mucho más eficiente cuando usamos algo para guiarlo.

Para practicar la lectura rápida, pasa el dedo índice a lo largo de cada línea impresa, pero recuerda: todos imaginamos que leemos más rápido de lo que realmente lo hacemos, por lo que este proceso hace que parezca que vas más lento, pero no es así. En segundo lugar, practica mirar más de una línea a la vez, amplía tu rango de visión, prueba diferentes patrones con tu dedo o pluma: diagonal, curvo o directamente en el medio de la página. Ve qué funciona mejor para ti, practicando al principio solo con lectura sencilla. No te recomiendo practicar con el manual de instrumentación de un ingeniero.

Ponte un límite de tiempo

Otra técnica para aumentar tu velocidad de lectura es fijarte un límite de 20 s por página. En esos 20 s, trata de asimilar tantas palabras de la página como puedas. Intenta con unas siete o diez páginas a ese ritmo, por ejemplo, un capítulo o un grupo de páginas. Cuando termines, escribe tantas palabras como puedas recordar de esa lectura de alta velocidad. En esta etapa, no te preocupes por la comprensión; concéntrate en el reconocimiento básico de palabras. Luego, observa cómo tu cerebro vincula esas palabras. Usando las palabras relacionadas, ¿qué tipo de historia se le ocurrió a tu cerebro? ¿Cuál es el significado integral que tu cerebro extrae de esas palabras? Ahora, regresa y lee las mismas páginas a 40 s por página para una mejor comprensión. Te sorprenderás de cuánto retienes y comprendes a altas velocidades.

Ahora bien, este tipo de ejercicio es muy similar al entrenamiento físico. Cuanto más ejercites, flexiones y estires, mayor será tu resistencia, fuerza y flexibilidad. Es lo mismo para tu cerebro. Así que desafía tus propios límites en la medida de lo posible. Puedes condicionar a tu mente para experimentar con velocidades más altas, y al poco tiempo te darás cuenta de que estás leyendo al menos el doble de rápido de lo que lo hacías simplemente al practicar la lectura acelerada. Tu cerebro se nutre de ello.

A estas alturas, todos tus sentidos deberían estar operando con gran eficiencia. Has aprendido mucho sobre ti y tu poder mental. Incluso es probable que comenzaras a utilizar tus nuevas habilidades para lograr nuevos avances emocionantes en tu trabajo y en tu vida personal. Y ahora estás a punto de ingresar a la etapa final de este programa, donde aplicarás todo lo aprendido en el proceso para experimentar el superpoder de la gestión total de la información.

CAPÍTULO 9

PIENSA EN IMÁGENES CON MAPAS MENTALES

El cerebro humano es una increíble máquina
para reconocer patrones.

JEFF BEZOS

Ya que estás a punto de armar todas las piezas de este proceso, repasemos lo que has logrado hasta ahora. Aprendiste que, sin importar lo que ya has conseguido, no estás ni cerca de haber usado todo tu fenomenal poder mental, y que no hay excusa para no hacerlo. Puede que la genética determine tus límites, pero no se interpone en el camino de mejorar significativamente y llegar más allá de donde te encuentras hoy.

A lo largo de este libro te presenté la información más actualizada sobre las habilidades de procesamiento humano, incluida la lógica, la aritmética, el análisis, el orden, la secuencia y la imaginación. Aprendiste cómo cambiar hábitos para mejorar, cómo usar el ciclo de descanso y actividad para mejorar el poder del cerebro, cómo enfrentar el cambio y cómo organizar tu vida en partes. Aprendiste que, si dices que tienes una memoria terrible, es porque no quieres hacer nada al respecto. Ahora sabes que tu cerebro tiene la capacidad de almacenar miles de millones de bits de información, y que puedes recordarla simplemente desarrollando un sistema de recuperación que aproveche la capacidad latente de tu cerebro.

Tuviste la oportunidad de mejorar tu autoorganización, comprender qué se puede hacer para aumentar tu esperanza de vida, cómo organizarte, crear listas y desarrollar una imagen de tu futuro. Te convertiste en tu propia guía de vida al dividirla en siete o menos categorías y luego subdividirlas para obtener control sobre ti mismo y todo lo que haces. Pensaste, quizá por primera vez en mucho tiempo, en tu necesidad de amor y amistad, desarrollo personal y éxito financiero y comercial. Tuviste la oportunidad de integrar mejoras a tu escucha, lectura rápida y toma de notas, y tuvimos una breve introducción a los mapas mentales, algo que podrás agregar a tu arsenal organizativo y de pensamiento en este capítulo final.

Ejercicio 1: Prepara notas para un libro que hayas leído

Piensa en el último libro que leíste. Ahora, imagina que, dentro de un año, tendrás que dirigir un seminario sobre ese libro. Dedica algún tiempo a preparar notas sobre ese libro en el espacio provisto a continuación. Tus notas deben ser lo suficientemente claras y detalladas para que, cuando las revises dentro de un año, tengas toda la información que necesites para prepararte y llevar a cabo el seminario.

Notas para el seminario

Apliqué este ejercicio en muchos de los cursos que he impartido a lo largo de los años y descubrí que alrededor del 70% de mis alumnos toma notas en forma de resumen de párrafo u oraciones. El otro 30% usa frases o palabras clave, por lo general en forma de lista. Con base en lo que has aprendido hasta ahora, sabes que hay una mejor manera, y serás mucho mejor para tomar notas a medida que avances en este capítulo. Esta es la mejor manera.

Reconocer las limitaciones de la toma de notas tradicional

El doctor Gordon Howe de la Universidad de Exeter y otros investigadores han realizado extensos estudios para identificar el tipo de toma de notas que es mejor para aprender y recordar. Los siete tipos, de peor a mejor, son los siguientes:

1. No tomar notas en absoluto.
2. Una transcripción completa de las notas del presentador.
3. Transcripción completa de las notas del oyente.
4. Notas de oraciones resumidas proporcionadas por el presentador.
5. Notas de oraciones resumidas creadas por el oyente.
6. Notas de palabras clave proporcionadas por el presentador.
7. Notas de palabras clave creadas por el oyente (usualmente, entre menos palabras clave, dentro de lo razonable, mejor).

Las palabras clave son las expresiones más sucintas y efectivas para provocar un recuerdo inmediato. Uno de mis alumnos las describió como los peldaños que se usan para cruzar un pantano: el pantano es la densa colección de párrafos y oraciones que contiene las palabras clave, pero que, en sí mismas, no son esenciales para recordar.

Este estudio no consideró la taquigrafía, un sistema formal de escritura rápida que usa abreviaturas y símbolos para representar palabras, frases y letras. Si sabes taquigrafía, probablemente estés pensando que no hay nada de malo en escribir todo, siempre y cuando puedas escribir tan rápido como el presentador pueda hablar, pero eso es lo que yo llamo una «trampa de inteligencia». Estás haciendo algo para lo que estás condicionado y en lo que tuviste éxito en el pasado, asumiendo que es la mejor manera cuando en realidad no lo es. Simplemente estás cómodo haciendo eso.

Permíteme demostrarlo. Me gustaría que pensaras en todas las oraciones de diez palabras o más que recuerdes haber dicho, leído o escuchado durante tu vida. Ahora, olvida cualquier oración en la que hayas hecho un esfuerzo especial para recordar a través de la repetición, como las líneas de un poema, una obra de teatro o una canción. Toma tu tiempo. Dudo que pueda recordar más de una o dos oraciones de diez palabras, si es que puedes recordar alguna.

En todos los años que he impartido mis seminarios sobre el poder del cerebro, a nadie se le han ocurrido más de diez oraciones de diez palabras que puedan recordar palabra por palabra, aunque probablemente tengan miles de millones almacenadas en sus bancos de memoria. Una estudiante que trabajaba en publicidad recordó un cumplido que recibió de su jefe seis meses después de comenzar su nuevo trabajo. La llamó a su oficina y le dijo: «Jovencita, estoy muy complacido con el trabajo que estás haciendo y creo que tienes una excelente carrera por delante».

Ese es un ejemplo del concepto de «sobresaliencia». Tendemos a recordar lo que nos parece más destacado. Ese fue un momento importante en su carrera, y el recuerdo estaba muy claro en su mente. Cuando sucedió, probablemente lo reprodujo una y otra vez en su mente. Sin embargo, esa fue la única oración de al menos diez palabras que pudo recordar.

La razón por la que no podemos recordar más oraciones es que no pensamos en oraciones. A pesar de que hemos escuchado, leído, hablado y escrito millones y tal vez miles de millones de oraciones, no pensamos en oraciones. Recordamos palabras clave e imágenes clave. Incluso cuando estás dando instrucciones orales o escritas, por lo general estás pensando primero en palabras e imágenes clave, y luego construyes oraciones para describir lo que estás pensando.

Optimiza tu eficiencia para tomar notas

Solo alrededor del 10% de lo que escribe la gente tiene valor (eso es antes de que aprendan mi sistema, por supuesto), lo que significa que hacerlo bien mejora la velocidad de toma de notas al menos diez veces. La cereza del pastel es que al agregar algunos garabatos a las notas mejorarás drásticamente tu capacidad de recordar. Lo que más nos ayuda a recordar son los vínculos y lo sobresaliente.

Puedes hacer que tus notas clave para recordar sean increíblemente efectivas usando flechas, colores, códigos especiales y pequeños dibujos. Haz conexiones entre palabras clave que te muestren de inmediato dónde se encuentran las relaciones. Una vez que hayas realizado estos vínculos, puedes hacerlos sobresalientes agregando variaciones de color o tamaño o haciéndolos parecer tridimensionales. Puedes resaltarlos, subrayarlos, o hacer lo que quieras para que destaquen.

Si sabes taquigrafía, puedes incluso integrarla en tus mapas mentales. La clave es eliminar palabras innecesarias e irrelevantes. Una vez que seas bueno limitándote a las palabras clave, puedes ahorrar aún más tiempo escribiéndolas sin vocales y usando solo consonantes. Pr jmpl, sty sgr d q pd lr st sn myr prblm. Es sorprendente lo rápido que tu cerebro llena los espacios en blanco: tu cerebro no se dará por vencido hasta que le dé sentido al texto.

Mejora tu velocidad para tomar notas

Uno de los problemas con la toma de notas tradicional es que desvía la atención del presentador y del contenido que se presenta. Otro problema es que la gente generalmente habla mucho más rápido de lo que puede escribir cualquier tomador de notas. La persona promedio pronuncia entre 100 y 130 ppm, mientras que la persona promedio solo puede escribir entre 25 y 35 palabras de cinco letras por minuto.

Puedes mejorar drásticamente esa velocidad de escritura promedio con sesiones de práctica de un minuto en las que te obligues a escribir tantas palabras como sea posible en 60 s. Sin embargo, la velocidad no es el punto aquí. Necesitas relajarte para que no te dé un calambre en la mano cada vez que tomes notas. No te pongas en esa posición de hombros encorvados que tanta gente adopta cuando toma notas, pues es cansado. Por el contrario, una postura erguida y relajada optimizará tu rendimiento al tomar notas.

La mejor manera de mejorar tu velocidad para tomar notas es tomar menos notas: escribe y dibuja solo las palabras e imágenes más destacadas, descriptivas y que causen una mayor impresión en ti.

Mapas mentales: La mejor manera

Los mapas mentales son herramientas para gestionar información mediante una combinación de gráficas y texto. Te permiten organizar la información para recordarla mejor y usar esa información para crear nuevos pensamientos, ideas, imágenes y conceptos. Podrías pensar en ellos como infografías hechas a mano. Además de ayudarte a organizar y recordar información, los mapas mentales te brindan todos los elementos que necesitas para resolver problemas y tomar decisiones acertadas en tu carrera, negocios y vida personal. La figura 9.1 muestra un ejemplo de un mapa mental sobre los usos de estos.

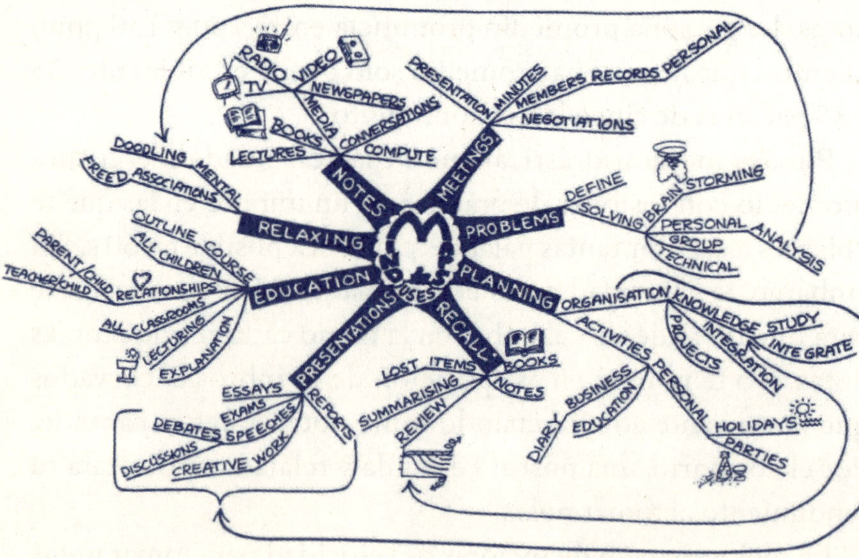

Figura 9.1. Un mapa mental sobre los usos de los mapas mentales.

Hecho a la medida para el funcionamiento interno del cerebro

El cerebro maneja la información mucho mejor cuando esa información está diseñada para encajar en sus ranuras. El cerebro es de naturaleza multidimensional y comprenderá, apreciará y recordará con mayor facilidad la información que se presenta en un formato multidimensional: palabras, líneas, flechas, colores, códigos, imágenes, etc., todo esto contribuye a hacer que la información sea multidimensional.

El punto es que, para utilizar por completo la capacidad de tu cerebro, debes considerar cada uno de los elementos que se suman al todo e integrarlos de manera unificada. La respuesta es el mapa mental. El mapa mental hace eso por ti.

Tienes que entender que los mapas mentales están alineados con la forma en que funciona tu cerebro. Se pueden utilizar en todas las actividades en las que intervienen el pensamiento, la memoria, la planificación o la creatividad. Cuando ven un mapa mental por primera vez, muchas personas piensan que es demasiado dimensional y caótico para traducirlo en presentaciones lineales, como discursos, charlas o artículos. Esa impresión simplemente no es cierta, pues una vez que se completa un mapa mental, todo lo que necesitas hacer es seleccionar el orden en el que presentarás la información, y eso se traducirá en una presentación lineal.

De hecho, se descubrió que los estudiantes de la Universidad de Oxford, en Inglaterra, completaron sus ensayos en un tercio del tiempo requerido anteriormente después de cambiar a mapas mentales. Del mismo modo, los gerentes y el personal de las principales corporaciones, incluidas Digital and IBM, EDS, General Motors y Hewlett-Packard, entre otras, experimentaron un aumento similar en el rendimiento: un tercio del tiempo invertido y un aumento del 300% en el valor al usar un mapa mental en lugar de sus métodos más antiguos. El mapa mental en verdad funciona, es más rápido y mejor.

Leyes de los mapas mentales

Los mapas mentales no son solo una forma de registrar y administrar las montañas de información que debes procesar todos los días de tu vida. También son la clave para ayudarte a crear nuevos pensamientos, ideas, imágenes y conceptos a partir de esa información. Aunque el concepto de mapa mental requiere cierto desaprendizaje de viejos hábitos lineales, representa la forma en que realmente piensas y absorbes información. No piensas en oraciones ni en listas, sino a través de conexiones hechas por el cerebro.

Varias investigaciones bioquímicas, fisiológicas y psicológicas recientes confirman lo que he enseñado durante años: el cerebro no es lineal y solo está restringido por nuestro énfasis en el pensamiento lineal. El mapeo mental liberará tus diversas habilidades creativas, te dará más horas cada día y liberará tu talento para la gestión de la información. Esa es una interpretación relativamente sencilla, sin demasiadas ediciones gráficas, pero destaca todas las leyes de los mapas mentales para ti. Aquí, presento esas leyes en un formato más lineal:

1. **Comienza con una imagen a color en el centro.** A menudo, «una imagen vale más que mil palabras» y fomenta el pensamiento creativo al tiempo que aumenta significativamente la memoria.

2. **Usa imágenes a lo largo de tu mapa mental.** Al igual que con la imagen del centro, estas otras imágenes ayudan a tu memoria. Estimulan la actividad cortical derecha e izquierda. Usan todo tu cerebro. Enfocan tu atención. Ayudan a tu comprensión. Aumentan tu poder de pensamiento.
3. **Imprime todas las palabras.** Puede que imprimir tome un poco más de tiempo que escribir, pero ahorrarás más tiempo cuando vuelvas a leer el mapa mental. Un mapa impreso proporciona una retroalimentación inmediata, fotográfica y completa. En general, la impresión ahorra tiempo.
4. **Escribe palabras en líneas, conectando cada línea con otras líneas.** Esto asegura que el mapa mental tenga una estructura básica y facilita la vinculación y la asociación en tu cerebro.
5. **Trata cada palabra como una unidad, una palabra por línea.** Esto proporciona la mayor cantidad de ganchos por palabra y te brinda la máxima flexibilidad creativa y de memoria.
6. **Utiliza colores en todo el mapa mental,** ya que mejoran la memoria, deleitan la vista y estimulan el proceso de la corteza derecha del cerebro, al mismo tiempo que te permiten pensar con mayor claridad y eficacia.
7. **Dale a tu mente la mayor libertad posible.** Suspende el pensamiento crítico. Cualquier pensamiento sobre dónde deberían ir las cosas o si deberían incluirse o no sofocará la creatividad y demorará el proceso. Esta ley se aplica en específico a la lluvia de ideas y al pensamiento creativo. Su propósito es liberar tu mente, así que déjate llevar y lucha contra la tentación de ser demasiado estructurado, rígido o meticuloso. La idea general de la lluvia de ideas y el pensamiento creativo con un mapa mental es dejar fluir todo lo que se cruce por tu mente, sin importar cuán ridículo sea.

La idea es recordar todo lo que tu mente piensa en torno a la idea central. Como tu mente generará ideas más rápido de lo que puedes escribir, casi no debería haber pausas; si haces una pausa, probablemente notarás que tu pluma o lápiz titubea sobre la página. En el momento en que notes esto, bájalo y continúa. No te preocupes por el orden, ya que, en muchos casos, esto se solucionará solo. Si no es así, se puede hacer una ordenación final cuando termines. En gran medida, tu cerebro organiza la información de forma natural. A menudo, el mejor curso de acción es apartarse del camino; no lo pienses demasiado.

Software y aplicaciones de mapas mentales

En lo personal, prefiero crear mis mapas mentales dibujándolos en una hoja de papel. La actividad física de dibujar el mapa proporciona un refuerzo cinestésico del contenido. Sin embargo, si prefieres trabajar en una computadora o teléfono inteligente y crear mapas mentales más ordenados desde cero, consulta las últimas ofertas en el software de mapas mentales. Puedes encontrar muchas opciones para todos los sistemas operativos, incluidos los dispositivos Windows, Mac y Android. Aquí hay algunos ejemplos:

- **InfoRapid Knowledgebase Builder** es una aplicación de administración del conocimiento que te permite crear vínculos a artículos, publicaciones de blogs, sitios web, tuits y documentos, además de realizar búsquedas de texto en todo el contenido vinculado. Incluso puedes generar mapas mentales a partir de contenido existente, importar tuits y artículos de Wikipedia y exportar su base de conocimiento como un documento HTML formateado, para que puedas verlo en un navegador web.

- **GitMind** está disponible como una aplicación en línea que puedes usar a través de cualquier navegador web. También está disponible como una aplicación de escritorio y una aplicación para teléfonos inteligentes. Tiene plantillas con las que puedes comenzar y una variedad de formas y colores para crear mapas mentales desde cero. GitMind también admite la colaboración en línea para proyectos grupales.
- **miMind** es un software de mapas mentales multiplataforma y multipropósito diseñado para crear y compartir ideas y actividades, como la planificación de proyectos, lluvia de ideas, diseño, resúmenes y debates, además de demostraciones de proyectos. La versión base es gratuita, pero puedes actualizarla para obtener funciones más avanzadas.

Pulcritud

Mucha gente se preocupa por lo ordenados que son sus mapas mentales, sobre todo porque la estructura a menudo no se vuelve realmente evidente sino hasta el final. Si te preocupa la pulcritud, ten en cuenta que el contenido es mucho más importante que la apariencia. De hecho, a menudo les digo a los participantes de mis clases que las notas que parecen desordenadas suelen ser mucho más ordenadas en términos de su idoneidad para el cerebro. Muestran de inmediato los conceptos y conexiones importantes. Ofrecen la historia real del contenido, que se resume y destila. De todos modos, puedes reconstruir tu mapa mental en aproximadamente 10 min, lo cual es recomendable, ya que el proceso de redibujar tu mapa mental refuerza el aprendizaje.

Lo que te estoy pidiendo es que te liberes de las cadenas que te atan a la estructura rígida que probablemente aprendiste en la escuela y luego replicaste en el mundo laboral. Ahora deberías estar preparado para usar tus habilidades de gestión de la información y convertirte en la persona que siempre supiste que estaba debajo de la superficie. Ahora estás preparado para comprender mejor que el conocimiento es poder, y que tienes mucho de ambos.

Ejercicio 2: Mapa mental sobre ti

La página siguiente solo contiene el contorno de un ser humano en el centro. La imagen está destinada a ser genérica, pero puedes personalizarla como desees: dibuja un rostro, agrega cabello, coloréala, lo que sea. La imagen representa el tema central de un mapa mental sobre ti: cómo te ves ahora, cómo quieres verte en el futuro, o ambas cosas. Puedes incorporar ambas en tu mapa mental. Tal vez tengas una extensión para objetivos, que puede ramificarse en áreas diferentes, otra para carrera y una tercera para relaciones.

¿Recuerdas el ejercicio que hiciste sobre las siete divisiones principales de tu vida? Tal vez puedas ramificarte en metas e ideales de cada uno de ellos. Tú eres multifacético, no pierdas el tiempo preocupándote por la estructura, solo déjate llevar. Tómate de 15 a 30 min para crear un mapa mental de ti.

Bueno, ¿cómo te fue? ¿Fue esclarecedor el ejercicio? ¿Descubriste algo sobre ti que no sabías? A través de este ejercicio, algunos estudiantes descubren que no son muy buenos para dibujar líneas rectas, pero eso no es realmente importante: dibujar líneas rectas no es una de las claves del éxito. Lo importante es que descubras algo sobre ti que no conocías, algo que te ayude a funcionar mejor en la escuela, en el trabajo o en las relaciones, o que te acerque a la realización personal.

Lo que más impactó a un estudiante fue que el tema del tiempo seguía apareciendo; por ejemplo: «No tengo suficiente tiempo para hacer ejercicio», «No tengo suficiente tiempo para navegar», «No tengo suficiente tiempo para leer», y así sucesivamente. Fue evidente que necesitaba reestructurar sus compromisos de tiempo para hacer más de lo que quería hacer.

El descubrimiento es un valioso beneficio secundario de los mapas mentales. Cuanto más ramifiques, más generas ideas e imágenes. Cada palabra tiene muchas imágenes en tu cerebro. Todo lo que tienes que hacer es crear una estructura que les permita fluir. Descubrirás que una idea puede desencadenar otra. También puedes darte cuenta de que algo aparece una y otra vez, trayendo a la conciencia lo que puede haber estado al acecho en tu subconsciente. Crear un mapa mental sobre ti mismo puede convertirse en una sesión de lluvia de ideas muy personal.

También puede ser efectivo en un grupo. Por ejemplo, si estás iniciando un negocio o una organización sin fines de lucro, hacer mapas mentales puede ayudarte a definir tu misión, visión y valores.

Mapas mentales para conferencias y reuniones

Cuando estés tomando notas, por ejemplo, en una reunión o una conferencia, te recomiendo que las tomes dentro de una estructura de mapa mental. Usa la página de la izquierda para el mapa y la página de la derecha para información más lineal o gráfica, como tablas, gráficas, fórmulas y listas especiales. Cuando termines, puedes combinarlos en un mapa mental único que te dará una imagen más completa y coherente del material que cualquier nota que tomaras antes.

En las siguientes secciones proporciono una guía más específica para usar mapas mentales en conferencias y reuniones.

Conferencias

Cuando tomes notas durante una conferencia, recomiendo usar una hoja en blanco grande para permitir que tu cerebro vea el panorama general. Ten en cuenta que las palabras clave y las imágenes son esencialmente todo lo que necesitas. Recuerda también que la estructura final no se hará evidente hasta que termines. Cualquier nota que hagas probablemente será una copia semifinal en lugar de una copia final. Las primeras palabras anotadas pueden estar bastante desconectadas hasta que el tema de la conferencia se vuelve evidente.

Es importante apreciar el valor de las notas «desordenadas» en comparación con las notas «pulcras». Muchas personas sienten aprensión al tener una página con notas garabateadas, flechas y apuntes no lineales frente a ellas. Las notas «pulcras» son tradicionalmente aquellas que están organizadas de manera ordenada y lineal. Las notas «desordenadas» son aquellas que están «por toda la página». La palabra «desordenadas» utilizada de esta manera se refiere a la apariencia y no al contenido.

Al tomar notas, lo importante es el contenido y no la apariencia. Las notas que parecen «pulcras» son, con respecto a la información, desordenadas. La información clave está disfrazada, desconectada y abarrotada de muchas palabras irrelevantes desde el punto de vista informativo. Las notas que parecen «desordenadas» son informativamente mucho más ordenadas. Muestran de inmediato los conceptos importantes, las conexiones, e incluso, en algunos casos, las tachaduras y las objeciones.

Las notas con forma de mapa mental, en su versión final, suelen estar ordenadas y rara vez se necesitan más de 10 min para finalizar una nota de una hora en una hoja de papel nueva. Reconstruir un mapa mental «desordenado» es un ejercicio productivo, en particular si el periodo de aprendizaje se organizó adecuadamente para que encaje a la perfección con la primera revisión.

Reuniones

Las reuniones, en particular las de planificación o resolución de problemas, a menudo se convierten en situaciones en las que cada persona escucha a los demás solo para expresar su punto de vista tan pronto como el orador anterior termina. En muchos casos el individuo o grupo que solicita o programa la reunión tiene una agenda y una idea clara de la solución al problema. Tan solo están reuniendo a todos para crear una falsa sensación de consenso, para hacer que todos los que asisten a la reunión sientan que tienen la oportunidad de brindar algún aporte, cuando en realidad no es así.

Evitar el agujero negro de las reuniones de negocios

Uno de mis alumnos describió las reuniones de resolución de problemas en su empresa como «un agujero negro en el espacio que se traga a cada orador. Todo el mundo quiere hacer su punto. Y si alguien te escucha, es porque quiere derrumbar tus puntos clave».

La verdad y las mejores ideas a menudo se sacrifican en el altar del ego, y se pierde mucho tiempo. La solución aprobada no siempre es la mejor; es simplemente la que los miembros más ruidosos o de mayor rango les impusieron a todos.

Estos problemas se pueden eliminar si la persona que organiza la reunión utiliza una estructura de mapa mental con el siguiente enfoque:

1. Al menos uno o dos días antes de la reunión contacta a los participantes para informarles cuál será el tema central, de modo que vayan preparados con sus ideas. Las reuniones son mucho más productivas cuando los participantes están preparados para contribuir.
2. En un pizarrón o caballete al frente de la sala haz un dibujo en el centro para ilustrar el tema principal de la reunión.
3. Desvíate del tema central para incluir cualquier subtema que desees cubrir (opcional).
4. Abre la discusión y agrega los puntos clave de cada participante al mapa mental, conectándolos con el tema central

o con uno de los subtemas. Considera preguntarle a cada participante dónde se debe agregar su punto clave o (mejor aún) pídeles que se acerquen al pizarrón y agreguen sus ideas al mapa mental ellos mismos.

La figura 9.2 presenta un ejemplo de mapa mental de una reunión real.

Las siguientes son las ventajas de incorporar mapas mentales en las reuniones:

- La contribución de cada persona se registra, no se distorsiona.
- No se pierde ni se ignora nada de información.
- Las ideas ganan prioridad sobre el estatus o la personalidad de quien propone la idea.
- La gente va más al grano, eliminando así las digresiones y las expresiones largas y sinuosas. Las reuniones avanzan a un ritmo más rápido, lo que resulta en reuniones más cortas.
- Después de la reunión, cada participante tendrá un registro mapeado de lo que se dijo. La información no se perderá a la mañana siguiente. Consejo: anima a los participantes a tomar una foto del mapa mental completo con sus celulares.
- Todos se involucran de manera activa en el crecimiento y desarrollo del mapa mental, en lugar de preocuparse solo por tomar notas y recopilar información. Este compromiso conduce a un mayor éxito crítico y analítico y a una comprensión considerablemente mayor, sin mencionar la mejora de la memoria.

Los mapas mentales son «fotografías» externas de las complejas interrelaciones de tu pensamiento en un momento dado.

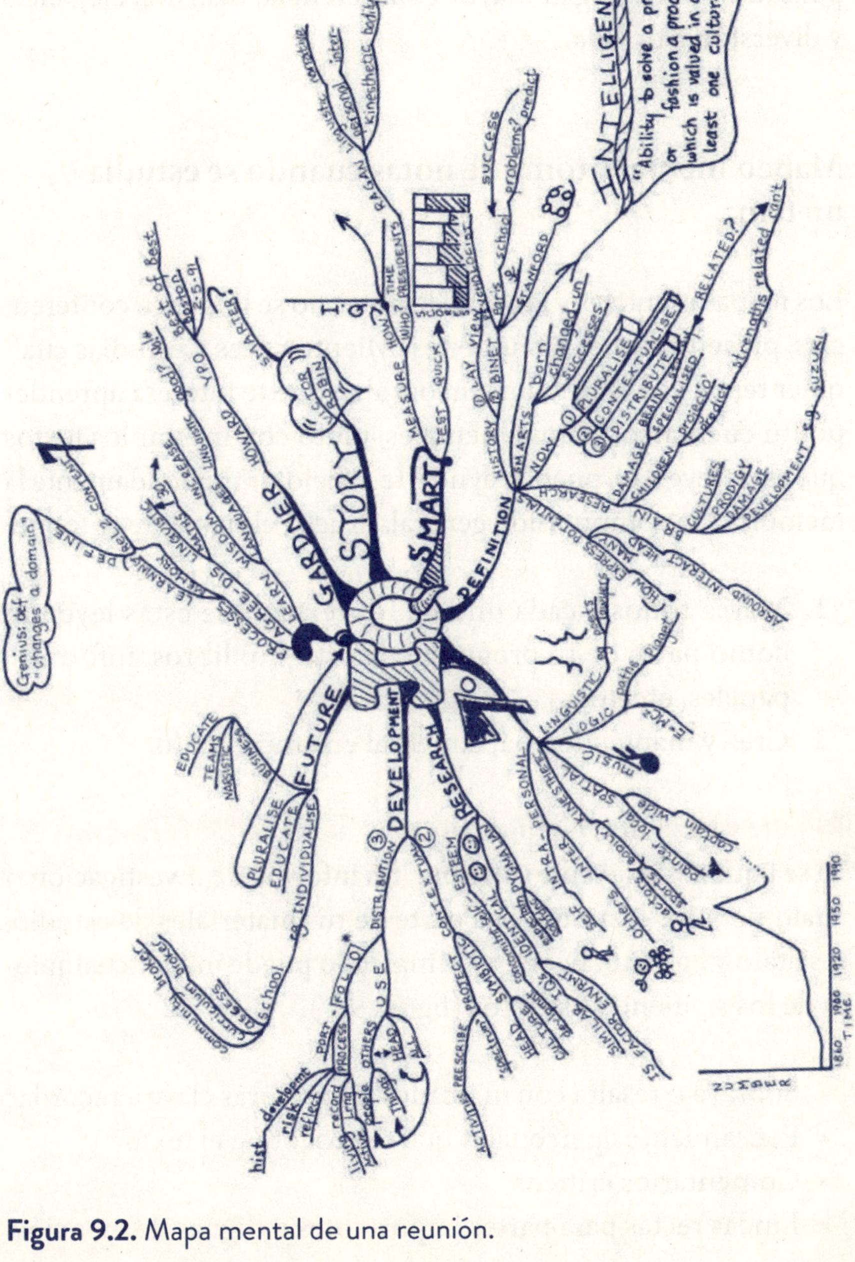

Figura 9.2. Mapa mental de una reunión.

Permiten que tu cerebro se vea a sí mismo con mayor claridad y mejoran en gran medida la gama completa de tus habilidades de pensamiento: agregan mayor competencia, disfrute, elegancia y diversión a tu vida.

Mapeo mental y toma de notas cuando se estudia un tema

Los mapas mentales y la toma de notas no se limitan a conferencias, presentaciones y reuniones. Mientras lees y estudias cualquier tema, ya sea para un curso o algo que te interesa aprender por tu cuenta, los mapas mentales, junto con marcar los textos que estás leyendo, pueden ayudarte a mejorar tremendamente la memoria y la comprensión general. Prueba el siguiente enfoque:

1. Marca todos y cada uno de los textos que estás leyendo como parte de tu programa de estudio: libros, informes, papeles, etcétera.
2. Crea y mantén un mapa mental en crecimiento.

Resalta y haz notas en tus textos

Ya sea que estés leyendo un libro, un informe de investigación o cualquier otro texto que sea parte de tus materiales de estudio, resáltalo y haz anotaciones. Tu marcado puede incluir cualquiera de los siguientes aspectos (figura 9.3):

- Subraya o resalta con marcador las palabras clave a recordar
- Pensamientos personales que te provoque el texto
- Comentarios críticos
- Líneas rectas para partes importantes o dignas de mención

- Líneas curvas u onduladas para indicar contenido poco claro o difícil
- Signos de interrogación para las áreas que te parecen cuestionables
- Signos de exclamación para elementos pendientes
- Tu propio código de símbolos para elementos y áreas que se relacionan con tus objetivos específicos y generales
- Minimapas mentales en los márgenes

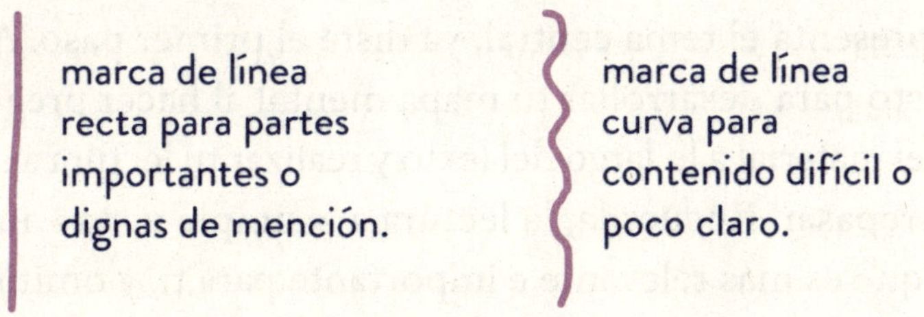

Figura 9.3. Técnicas para resaltar texto.

Si el libro no es costoso, se puede marcar con códigos de colores. Si el libro es un volumen preciado, se pueden hacer marcas con un lápiz muy suave. Si el lápiz es lo suficientemente suave, y si se usa un borrador muy suave, el daño al libro será incluso menor que el causado por el índice y el pulgar al pasar la página.

Mapas mentales mientras lees

Así como puedes crear mapas mentales en una reunión, o cuando escuchas una conferencia o presentación, puedes crear un mapa mental mientras lees. Durante tu encuentro inicial con un texto, mientras navegas por él, dibuja una pequeña imagen en el centro de una página en blanco para representar lo que crees que es el tema central del texto y, luego, dibuja ramificaciones a partir de ese tema central para resaltar lo que consideres que son subtemas importantes. Con el simple hecho de leer el título y el subtítulo del libro y hojear el índice y glosario, deberías ser capaz de desarrollar una idea bastante clara de lo que trata el libro: tu tema central.

A medida que profundizas en el libro, agrega detalles a tu mapa mental. En el capítulo 7 te presenté el proceso de siete pasos que siguen los mejores estudiantes cada vez que encuentran un tema nuevo. Al comenzar tu mapa mental con una imagen que representa el tema central, ya diste el primer paso. Ahora, estás listo para desarrollar tu mapa mental al hacer preguntas, hojear el material a lo largo del texto y realizar tu lectura a simple vista y repasar. Recuerda, la lectura a «simple vista» implica leer lo que es más relevante e importante para ti, y omitir todo lo que ya sabes o que consideras irrelevante. Cuando realices tu revisión, estás volviendo a leer cualquier cosa que no te quedó clara o que hayas pasado por alto.

Comprométete con tu desarrollo futuro

A medida que llegas al final de este libro hay una serie de cosas que debes continuar practicando y de las que debes ser más consciente como parte de tu desarrollo futuro. Aquí hay un resumen de los puntos clave y los elementos que puedes poner en práctica cubiertos a lo largo de este libro:

- Toma descansos frecuentes mientras estudias para maximizar las oportunidades de primacía e inmediatez, y para brindarle a tu cerebro tiempo y espacio para integrar el nuevo aprendizaje en tu comprensión existente. Tomar descansos frecuentes es una de las mejores maneras de aumentar la retención y el recuerdo; le da tiempo a la información para que se asiente, se digiera y se vuelva más completa.

- Cuando sientas que tienes una comprensión básica sólida, revisa el material. Examínalo de nuevo, porque cuando alcanzas ese pico alto de comprensión y memoria, es cuando la totalidad de lo que aprendiste hace clic. Será como volver a ver tu película favorita y apreciar aún más los matices: captar detalles que pasaste por alto la primera, o incluso la segunda o tercera vez que la viste.
- Continúa estimulando y utilizando toda la gama de tus habilidades corticales. Cualquier cosa en la que seas fuerte ahora, sigue usándola y desarrollándola. Cualesquiera que sean las áreas débiles, continúa fortaleciéndote y creciendo. Sí, eso incluye las matemáticas. Ahora que sabes que tu cerebro es un genio matemático natural, desarrolla esas habilidades. Practica la alfabetización mental con las matemáticas, y cuando encuentres personas que usan calculadoras, juega con ellas. Intenta calcular las respuestas en tu cabeza antes de que ellas lo hagan.
- Continúa desarrollando tus habilidades lógicas. La forma en que analizas e integras la información que proviene de todas las fuentes que te rodean es esencial para tu supervivencia y éxito. Continúa desarrollando y aumentando esas habilidades. Mientras lees o miras las noticias, mantente escéptico. Cuestiona las fuentes de información. Busca sesgos en los informes. Cuestiona la lógica detrás de las conclusiones. No aceptes pasivamente lo que te dicen.
- Nutre tu memoria, ese vasto depósito de información que te pertenece por derecho. Haz un uso óptimo de la primacía, la inmediatez y la sobresaliencia para ayudar a recordar con-

ceptos clave y crear vínculos vívidos entre palabras e imágenes. Recuerda el *SMASHIN' SCOPE* de la memoria:

- Sinestesia
- Movimiento y dimensión
- Asociación
- Sexualidad
- Humor
- Imaginación
- Número
- Simbolismo
- Color
- Orden
- Positividad
- Exageración

- Continúa el proceso que iniciaste cuando comenzaste a explorarte. En otras palabras, continúa monitoreando quién eres como ser humano, cuáles son tus fortalezas, cuáles son tus debilidades y cómo puedes obtener la mejor ventaja de todo lo que haces a partir de ahora. Y eso incluye un elemento muy importante que discutimos: tus finanzas. Pon en orden tu flujo de efectivo, patrimonio neto y planificación financiera.
- Inicia un diario o un organizador personal universal (UPO, por sus siglas en inglés) con el objetivo de crear y mantener un libro sobre ti, un libro que capture tu vida en palabras, imágenes y sensaciones para involucrar tanto los pensamientos y emociones del cerebro izquierdo como del derecho. No solo registres entradas diarias sobre lo que hiciste o lo que te sucedió cada día. Usa tu UPO para establecer metas,

registrar tus pensamientos y planes, hacer un mapa mental de tus ideas más creativas y planificar tu tiempo para un uso óptimo.

- Dentro de tu diario te recomiendo enfáticamente que diseñes ahora un plan para tu educación continua para toda la vida. Comienza a buscar centros de aprendizaje a tu alrededor, lugares donde puedas establecer nuevas áreas de interés, nuevos pasatiempos, nuevas actividades. Planifica y empieza cuanto antes.
- Involucra y desarrolla todos tus sentidos: vista, oído, olfato, gusto, tacto, movimiento. Cuida adecuadamente tu aparato sensorial: protégelo de daños mientras le proporcionas a tu cuerpo todo lo que necesita para mantener una salud óptima. Cambia tu enfoque a diferentes estímulos sensoriales a lo largo del día para agudizar tus sentidos y reforzar las redes neuronales en tu cerebro que están conectadas a los sentidos.
- Desarrolla tus habilidades de lectura. Ahora sabes que puedes leer mucho más rápido con una comprensión significativamente mejorada, así que continúa practicando las técnicas de lectura rápida que te presenté en el capítulo 8. Debes comenzar a comer libros para el desayuno, y no un libro cada dos años; que sea uno cada 2 h. Es decir, alimenta a tu cerebro con esa información. Y recuerda estos cuatro alimentos: información, oxígeno, buena nutrición y, sobre todo, amor y cariño. Dale prioridad al cuidado y alimentación de tu cerebro.
- Para integrar todas esas habilidades en desarrollo, utiliza tu nueva herramienta principal de pensamiento: el mapa mental. Sea cual fuere el pensamiento, siempre que necesites externalizarlo, exponerlo, tomar o hacer notas, usa el mapa

mental. No solo te permitirá recordar y crear mejor, y ser más poderoso en tu pensamiento general, sino que también te brindará apreciación artística y estética, y será una herramienta que te ayudará a desarrollar todas tus habilidades mentales. Y recuerda que a medida que envejeces, esa fuente de energía masiva, tu cerebro, seguirá mejorando, siempre y cuando la uses. Así que úsala, y úsala bien.

Con el compromiso que hiciste con este curso, estás encaminado para hacer la transición y poner lo que aprendiste en práctica en tu vida cotidiana. Ahora sabes que tienes la capacidad de expandirte como individuo, de desarrollarte en formas que nunca creíste posibles antes de comenzar este programa y de controlar la información, en lugar de dejar que ella te controle a ti.

En este punto, normalmente te desearía suerte, pero eso no es lo que necesitas, solo debes poner en práctica lo que aprendiste de este libro. Al hacerlo, tendrás el control de tu propio destino. Ya no serás víctima de las circunstancias, la mala suerte o la desgracia: tu vida será producto de tu conocimiento y creatividad, junto con tu coraje para tomar decisiones audaces y emprender acciones audaces. En lugar de desearte suerte, te deseo un cerebro sano y vibrante, y una vida más rica y plena.